1%의 과학 이야기에

99%의 쉬운 상식 이야기를

보태서 100% 지식으로

만들어 보세요.

글 | 이광렬 감수 | 이원근 그림 | 신경순
펴낸이 | 이재은   펴낸곳 | 세상모든책
편집 | 박혜원, 양은진   디자인 | 홍미숙
마케팅 | 이주은, 이은경
주소 | 서울시 광진구 자양동 680-77호 모던 빌딩 2층
전화 | 02-446-0561   팩스 | 02-446-0569
E-mail | everybk@hanmail.net
초판 1쇄 발행 | 2013년 7월 25일
출판등록 | 1997.11.18. 제10-1151호

Text Copyright ⓒ 세상모든책 2013
이 책에 실린 글과 그림을 무단으로 복사, 복제, 배포하는 것은 저작권자의 권리를 침해하는 것입니다.
ISBN 978-89-5560-299-9 73400

*잘못 만들어진 책은 바꾸어 드립니다.

아이들의 왜? ② 에 대답하는 책

글·이광렬 감수·이원근 그림·신경순

세상모든책

책을 읽기 전에

세상에서 일어나는 일들에 대해 아이들은 궁금해 합니다. 그런데 아이들의 궁금증에 대해 올바른 대답을 해 줄 수 있는 사람이 얼마나 될까요? 때로는 엉뚱한 답을 말해 줄 수도 있고, 때로는 답조차 해 줄 수 없을 때도 있습니다. 《아이들의 왜?에 대답하는 책-2》는 아이들이 궁금해하는 문제를 크게 다섯 가지로 나누었습니다.

'날씨가 궁금해'에서는 공기도 무게가 있다고요? 추울 때 왜 몸이 떨릴까요? 바람은 왜 꽃에게 샘을 부리나요? 등 날씨에 대한 궁금증을 풀어 줄 것입니다.

'음식이 궁금해'에서는 물을 많이 마시면 머리가 좋아진다고요? 김에 기름을 바르지 말라고요? 왜 아기를 낳으면 미역국을 먹나요? 등 음식을 먹으면서 평소 궁금했던 이야기를 알 수 있답니다.

'지구가 궁금해'에서는 도시에 더운 섬이 있다고요? 큰비는 왜 밤에 내리나요? 식물은 어떻게 환경을 살릴까요? 등 우리가 살고 있는 지구에 대한 의문을 싹 풀어 줍니다.

'바다가 궁금해'에서는 물고기의 모양은 왜 다양한 가요? 어떤 상어와 고래가 가장 무서운가요? 무거운 배가 어떻게 물 위에 뜨나요? 등 우리가 알 수 없는 바닷속 세상에 대한 궁금증을 풀어 줍니다.

 '모든 게 궁금해'에서는 물과 수증기는 어느 쪽이 더 뜨거운 가요? 어떤 베개를 베고 자야 할까요? 뚱뚱보 아이를 부모가 만들었다고요? 등 생활을 하면서 궁금하지만 아무도 대답해 주지 않아 궁금했던 것을 해결해 줍니다.

이 책을 읽으면 과학 지식뿐 아니라 그 속에 숨어 있는 과학 상식도 배울 수 있답니다. 또한 어린이 여러분들이 진정한 탐구심을 키워 나가는 데 큰 도움이 될 것입니다.

이광열

글의 순서

구름의 색깔이 다양하다고요?	12
한여름에도 해수욕을 조심하라고요?	14
24절기가 농사 달력이라고요?	16
눈이 많이 오면 풍년이라고요?	18
보름달 몇 개가 모여야 태양과 같아지나요?	20
빗방울은 얼마나 빨리 떨어지나요?	22
우물물은 여름보다 겨울이 더 따뜻하다고요?	24
비행기가 지나가면 구름이 생긴다고요?	26
공기도 무게가 있다고요?	28
추울 때 왜 몸이 떨릴까요?	30
바람은 왜 꽃에게 샘을 부리나요?	32
안개와 스모그는 어떻게 해서 생길까요?	34
백중 때 밀물의 높이가 가장 높아진다고요?	36
계절에 따라 바람의 방향이 바뀐다고요?	38
장마가 동남아시아에만 있다고요?	40
처서에 비가 오면 안 된다고요?	42
왜 도사님은 산 속에 사나요?	44
산성비가 질병의 원인이 된다고요?	46
눈이 오면 염화칼슘을 언제 뿌리나요?	48
사람이 비를 내리게 한다고요?	50

토마토가 장수 식품이라고요?	54

맛없는 파를 왜 먹어야 하나요? 56
오이가 물로 되어 있다고요? 58
고추를 먹으면 왜 혀가 얼얼하죠? 60
당근은 어떻게 먹는 게 좋을까요? 62
시금치를 먹으면 힘이 세지나요? 64
사과를 먹으면 의사가 필요 없다고요? 66
밤에는 어떤 영양분이 많이 들어 있을까요? 68
감을 많이 먹으면 변비에 걸린다면서요? 70
대추를 보고 안 먹으면 늙는다고요? 72
물을 많이 마시면 머리가 좋아진다고요? 74
김에 기름을 바르지 말라고요? 76
왜 아기를 낳으면 미역국을 먹나요? 78
음식은 되도록 오래 씹으라고요? 80
미나리가 다이어트 식품이라고요? 82
쑥을 먹으면 오줌이 잘 나온다고요? 84
멸치가 칼슘의 왕이라고요? 86
감자를 세계인들이 먹는다고요? 88
명태는 별명이 왜 그렇게 많나요? 90
동충하초란 무엇인가요? 92

지구가 궁금해

온천이 병원이라고요? 96
왜 남극 하늘에 구멍이 나죠? 98
지구는 누가 청소하나요? 100
댐이 피해를 줄 수 있나요? 102
수맥이 우리 생활에 영향을 미친다고요? 104
지하수가 점점 사라지고 있다고요? 106
식물의 고향은 바다라고요? 108
눈 녹은 물은 보통 물과 다른가요? 110
우리 나라가 물바다가 되었다고요? 112
바닷가 식물들은 바닷물을 먹나요? 114

대기 오염이 심하면 사람이 병든다고요?	116
물은 스스로 깨끗해진다고요?	118
도시에 더운 섬이 있다고요?	120
큰비는 왜 밤에 내리나요?	122
식물은 어떻게 환경을 살릴까요?	124
논이 댐보다 더 큰 저장고라고요?	126
곳에 따라 물벼룩의 모양이 달라진다고요?	128
부레옥잠이 오염된 수질을 정화한다고요?	130
오존은 어떤 피해를 주나요?	132
동식물들이 사라져 가고 있다고요?	134

바다가 궁금해

물은 투명한데 바다는 왜 파랗죠?	138
지구엔 얼마나 많은 양의 얼음이 있나요?	140
사해가 죽은 바다라고요?	142
깊은 바닷속 생물들은 어떻게 살아갈까요?	144
바닷물도 0℃에서 어나요?	146
바닷물고기는 어떻게 짠물에서 숨을 쉬죠?	148
바닷물은 왜 흘러가나요?	150
대륙붕이 보물 창고라고요?	152
바닷속은 왜 깜깜할까요?	154
물고기도 새끼를 낳는다고요?	156
물고기의 모양은 왜 다양한가요?	158
어떤 상어와 고래가 가장 무서운가요?	160
무거운 배가 어떻게 물 위에 뜨나요?	162
태풍의 이름은 어떻게 정해지나요?	164
밀물과 썰물이 전기를 만든다고요?	166
수온은 어장 형성에 어떤 영향을 미칠까요?	168
파도가 전기를 일으킨다고요?	170
적조 현상은 왜 생길까요?	172
바닷속의 다이아몬드는 어떻게 얻나요?	174

세종 기지에서는 어떤 활동을 하나요?	176

왜 그늘에서 자란 식물이 더 큰가요?	180
나비와 나방은 어떻게 구별하나요?	182
개구리는 왜 비 오는 날 울까요?	184
방귀에선 왜 냄새가 나죠?	186
바퀴는 왜 끈질기게 나타날까요?	188
찬물을 먹어도 체하나요?	190
드라이아이스는 얼음인데 왜 화상을 입을까요?	192
무중력에서 촛불을 켜면 어떤 모양이 되나요?	194
내성은 왜 생길까요?	196
농구는 어떻게 시작되었을까요?	198
달리기를 하면 몸에 좋을까요?	200
공중에 매달린 다리는 어떻게 지었나요?	202
물과 수증기는 어느 쪽이 더 뜨거운가요?	204
어떤 베개를 베고 자야 할까요?	206
똥똥보 아이를 부모가 만들었다고요?	208
사람들은 언제부터 담배를 피웠나요?	210
짚은 인류에게 어떤 도움을 주었나요?	212
플라스틱 도마가 위생적인가요?	214
솔잎이 벌레를 쫓는다고요?	216
인류는 왜 다른 피부색을 갖게 되었나요?	218

날씨가 궁금해

눈은 땅이 깊이 어는 것을 막아 주고,
적절한 수분을 공급해 주는 역할을 하는 거예요.
눈이 겨울 동안 땅 속에 있는 씨앗들을 보호하는 것입니다.
아울러 봄에 씨앗에서 싹이 트면 잘 자라도록
질산 암모니아 성분인 비료도 공급해 줍니다.
눈과 함께 질소 화합물이 흙 속으로 스며들어오기 때문입니다.

– '눈이 많이 오면 풍년이라고요?' 중에서

공기

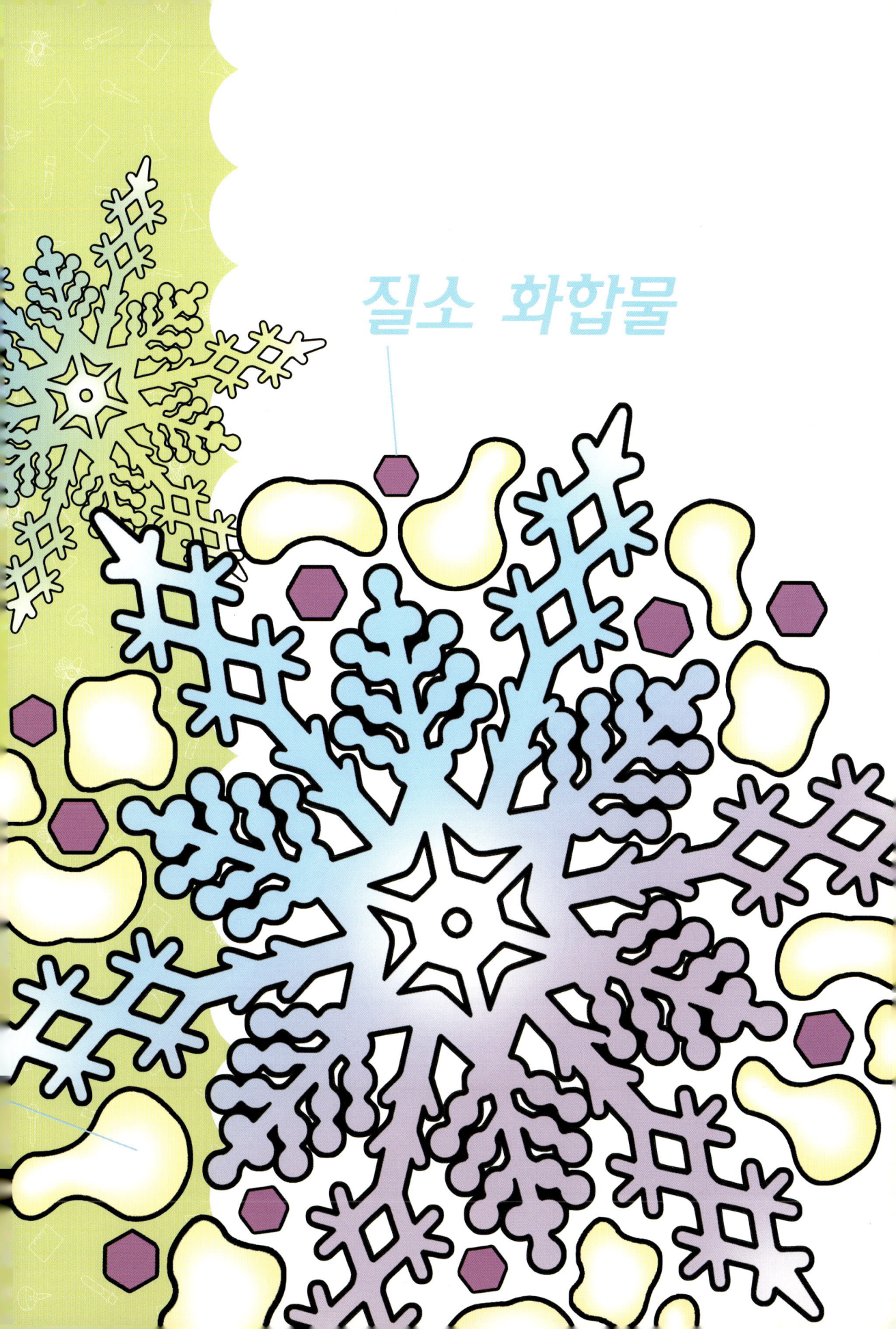

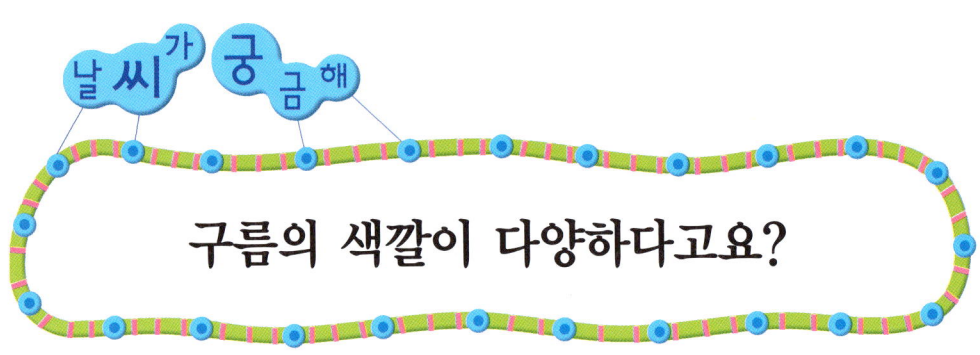

구름의 색깔이 다양하다고요?

하늘이 오색빛깔이네. 왠지 좋은 일이 생길 것 같은 예감!

하늘을 올려다보면 구름들이 솜처럼 뭉실뭉실 떠 있습니다.

구름의 가장자리가 분홍이나 파랑으로 물들어 오색빛을 발하는 것을 서운이라고 부르는데, 예로부터 길조로 여겼습니다. 또 황혼 무렵 서산에 떠 있는 고운 빛깔과 다양한 모양의 구름을 기상학에서는 채운이라고 불러요.

이와 같은 현상은 태양의 빛이 구름의 작은 물방울에 의해 굴절되어 일어나는 무지개 현상입니다.

가을에는 높은 하늘의 권적운(작은 구름 조각이 물결이나 비늘 모양으로 높이 펼쳐져 있는 구름으로 저기압 전면에 비가 내릴 전조를 나타냄)과 권운(푸른 하늘에 하얀 줄무늬 또는 명주실 모양으로 높이 뜬 구름으로 날씨가 맑다가 흐려지기 시작할 무렵에 흔히 나타남)이 많이 보입니다. 권적운은 이동성 고기압이 빠르게 움직이면서 구름 덩어리를 흩뿌려 놓으므로 생기는 것입니다. 권운의 대표적인 것은 새털구름입니다. 이 구름도 서산으로 지는 해의 빛을 받아 아름답게 빛난답니다.

적란운 / 권적운 / 권운 / 권층운 / 난층운 / 고적운 / 고층운 / 적운 / 층적운 / 층운

16km / 14km / 12km / 10km / 8km / 6km / 4km / 2km / 0km

구름은 모두 물로 이루어져 있습니다.

구름이 색색으로 보이는 건 물방울이 빛을 굴절, 반사하기 때문이에요. 빛은 물방울 표면에서 '굴절'하여 들어가 안쪽에서 반사되어 다시 굴절하여 나온답니다.

난 색깔 싫어

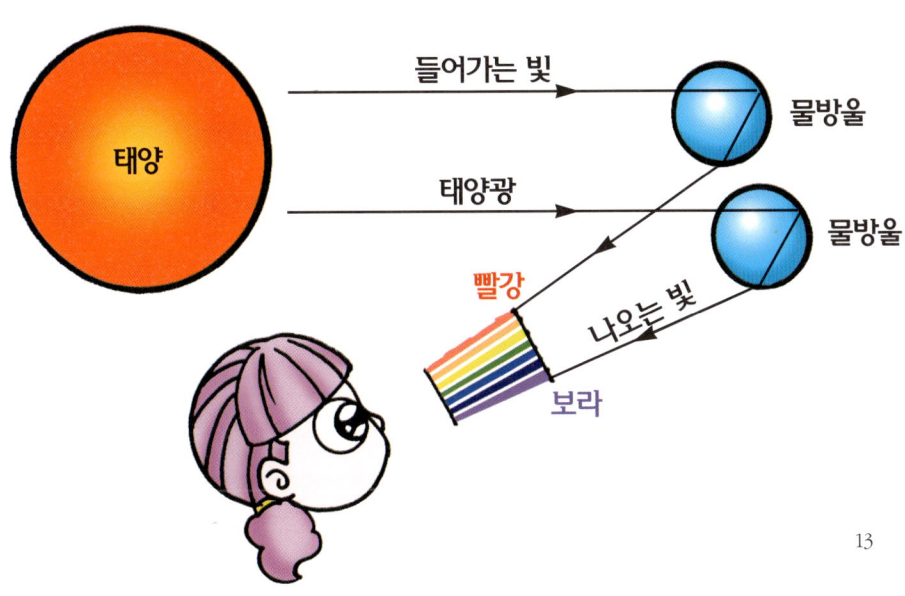

태양 / 들어가는 빛 / 물방울 / 태양광 / 물방울 / 빨강 / 나오는 빛 / 보라

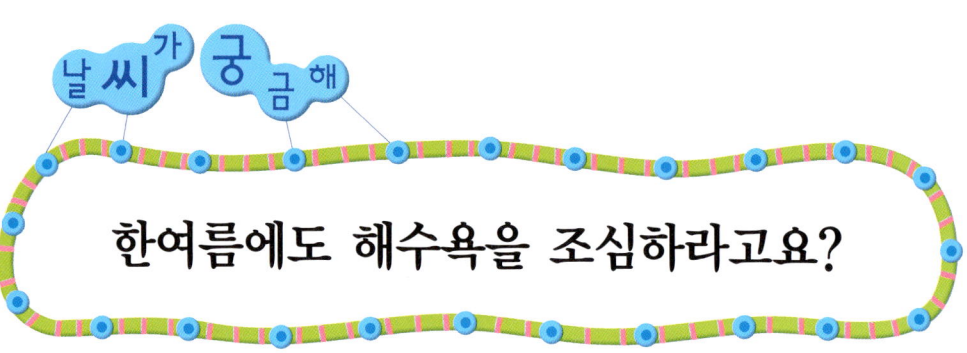

한여름에도 해수욕을 조심하라고요?

사람의 보통 체온은 36.5℃입니다. 그런데 바닷물의 온도는 사람의 체온보다는 낮은 온도죠.

그렇기 때문에 체온 이하의 수온인 바닷물에 들어갈 때는 세심한 준비가 필요합니다.

해수욕을 할 때 물의 온도는 어른의 경우에 23℃, 어린이의 경우에는 25℃ 이상이 되어야 좋습니다. 수온이 적당하다고 해도 체온과는 10℃ 이상 차이가 있으므로 처음부터 오랫동안 물에 들어가 있는 것은 좋지 않습니다.

흔히 바다의 수온이 24℃가 되는 때를 '비키니 전선'이라고 불러요. 이 때쯤 해수욕을 하는 사람들이 많아집니다.

햇빛이 뜨거워 날씨가 더워지니 사람들이 차가운 물을 생각하게 되는 거예요.

동해안에서 해수욕을 할 때는 수온의 변화에 신경을 써야 하는데 그 이유는 동해안으로 차가운 오호츠크 해 고기압이 확장해 오기 때문이죠. 이 때 해수 온도가 낮아지거든요.

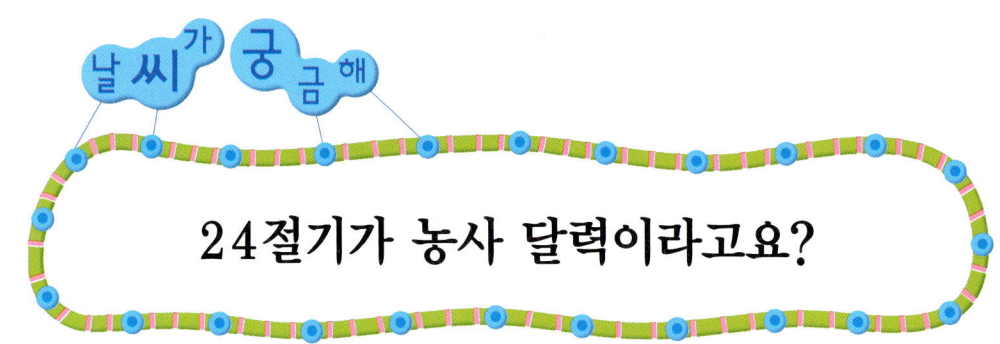

24절기가 농사 달력이라고요?

　　24절기는 농경 사회에서 반드시 필요한 것으로 기원전 130년 중국 서한 시대에 만들어졌다고 합니다. 달을 기준으로 했던 당시의 음력이 날씨와 정확히 맞지 않아, 여기에 해의 움직임을 고려하여 1년을 15일씩 나누어서 24절기로 구분했던 것이죠.

　　옛날 중국 사람들은 24절기 외에 1년을 다시 72단계로 나눠 5일씩을 1후라고 했어요.

　　춘분, 추분과 하지, 동지는 태양의 고도를 가지고 측정했어요. 입춘, 입하, 입추, 입동은 계절이 바뀌는 기간이고, 덥고 추운 정도를 나타내는 것으로는 소서, 대서, 처서, 소한, 대한이 있습니다. 강수 현상에 따라 우수, 곡우, 소설, 대설을 두었습니다.

　　옛날 유럽에서는 일 년을 어두운 겨울과 밝은 여름의 두 계절로만 구분했습니다. 9월 중순부터 이듬해 3월 중순까지 여섯 달은 낮보다 밤이 길어 겨울이라고 했답니다. 반면 낮이 더 긴 춘분에서 백로까지의 기간을 여름이라고 했어요.

유럽에서 봄과 가을이라는 단어가 생겨난 것은 15세기 경 항해술의 발달로 장기 항로가 열리면서 날씨에 민감해진 뒤부터였다고 합니다.

24절기는 태양의 위치 변화에 따라
계절을 구분한 것이랍니다.

봄
- 입춘: 봄의 문턱
- 우수: 봄비 내리고 싹이 틈
- 경칩: 개구리가 잠에서 깸
- 춘분: 낮과 밤의 길이가 같음
- 청명: 봄 날씨 시작
- 곡우: 농사비 내림

여름
- 입하: 여름의 문턱
- 소만: 본격적인 농사 시작
- 망종: 모내기 시작
- 하지: 낮이 가장 김
- 소서: 더위 시작
- 대서: 큰 더위

가을
- 입추: 가을의 문턱
- 처서: 더위가 그침
- 백로: 흰 이슬 내림
- 추분: 낮과 밤의 길이가 같음
- 한로: 찬 이슬 내림
- 상강: 서리가 내리기 시작

겨울
- 입동: 겨울의 문턱
- 소설: 눈 오기 시작
- 대설: 큰 눈이 내림
- 동지: 밤이 가장 김
- 소한: 겨울 추위 시작
- 대한: 겨울 큰 추위

• 달은 음력임

눈이 많이 오면 풍년이라고요?

예로부터 전해 내려오는 말 가운데 눈이 많이 오는 해에는 보리 농사가 잘 된다는 말이 있습니다.

우리 나라뿐 아니라 서양 속담에서도 눈이 많이 오는 해는 풍년이 된다는 말이 있지요.

실제로 겨울 동안에 내린 눈의 양과 곡식의 수확량과는 밀접한 관계가 있습니다. 바로 눈의 보온 효과 때문인 것입니다.

외부 기온이 -10℃를 오르내리고 있어도 50㎝의 눈 속에서는 -1~-2℃를 유지한답니다.

이처럼 쌓인 눈은 땅이 깊이 어는 것을 막아 주고, 적절한 수분을 공급해 주는 역할을 하는 거예요.

이런 눈은 겨울 동안 땅 속에 있는 씨앗들을 보호할 수 있는 것입니다.

아울러 봄에 씨앗에서 싹이 트면 잘 자라도록 질산 암모니아 성분인 비료도 공급해 줍니다.

눈과 함께 질소 화합물이 흙 속으로 스며들어오기 때문에 씨앗이 잘 자랄 수 있답니다.

보름달 몇 개가 모여야 태양과 같아지나요?

음력 8월 한가위의 달을 가리켜 흔히 대낮같이 밝은 달이라고 표현합니다.

달은 태양에서 받는 빛 가운데 약 7%만 반사하고 나머지 약 93%는 흡수한다고 해요. 설령 달이 태양빛을 모두 반사한다고 해도 그 밝기는 태양의 3만 5천분의 1에 지나지 않는다는 것입니다. 만일 태양만큼 밝으려면 추석 때의 보름달이 약 50만 개나 있어야 가능하답니다. 반달은 보름달의 반이니까 보름달의 반만큼 밝지 않겠느냐고 생각하겠지만 실제 반달의 밝기는 보름달의 9분의 1밖에 되지 않아요.

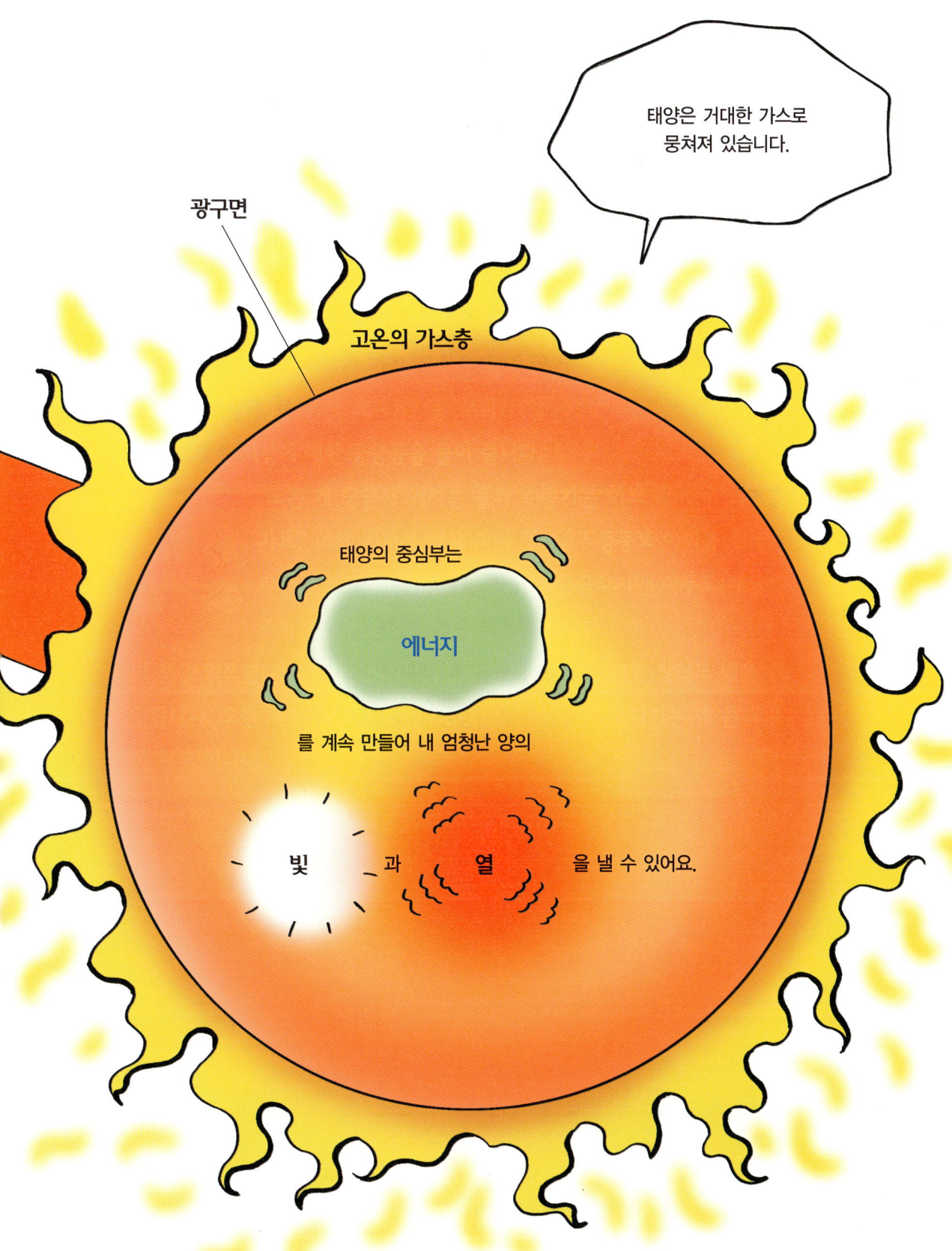

빗방울은 얼마나 빨리 떨어지나요?

공중에서 생긴 빗방울은 지구 중력에 의하여 아래로 내려오면서 속도는 더 빨라지게 됩니다. 하지만 이처럼 빠르게 떨어지는 빗방울을 둘러싼 공기의 마찰 저항도 커집니다. 그렇기 때문에 어느 정도 후에는 빗방울이 떨어지는 속도와 공기의 마찰 저항이 맞서게 되면서부터 빗방울은 일정한 속도로 떨어지게 되는 것입니다.

작은 빗방울일 경우에는 바람의 방향을 타고 위로 올라가기도 해요.

이 때 빗방울의 크기가 서로 다르다면 떨어지는 속도가 제각기 달라서 서로 부딪치게 됩니다.

빗방울의 지름이 약 7mm라면 지상을 향하여 떨어지는 속도는 약 10m/s가 되는데, 이 때의 빗방울의 모양은 둥근 모양을 벗어나 평평하게 되며 하나의 빗방울이 몇 개의 작은 빗방울로 나누어집니다.

그러나 대기 중에 떠 있는 빗방울의 크기에는 한계가 있습니다. 약 400m 상공에서 한 양동이의 물을 아래고 쏟아붓는다면 그 물은 땅에 닿기도 전에 증발해 버리든가 아니면 작은 빗방울로 내려오죠.

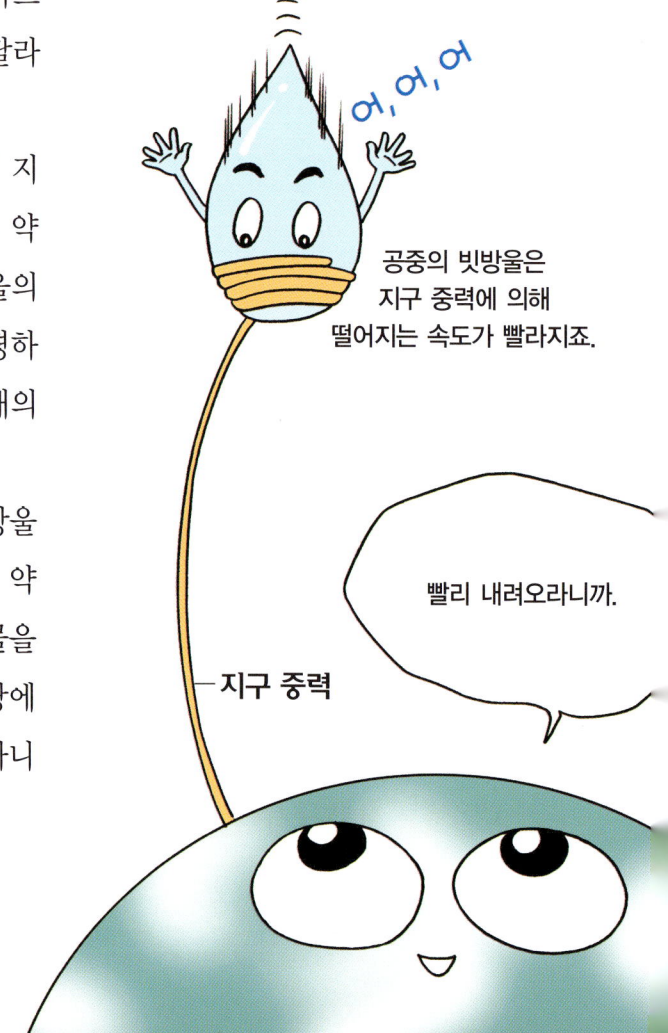

공중의 빗방울은 지구 중력에 의해 떨어지는 속도가 빨라지죠.

빨리 내려오라니까.

─ 지구 중력

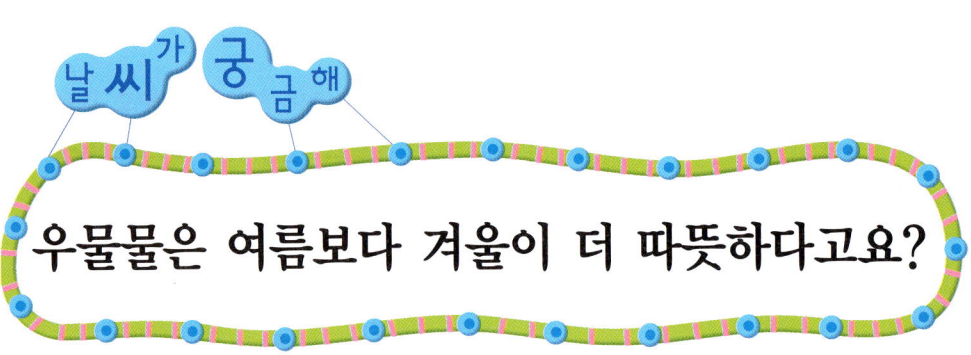

우물물은 여름보다 겨울이 더 따뜻하다고요?

우물물의 온도를 재 보면 더운 여름보다 추운 겨울철에 약 1~2℃ 더 높게 나타난다고 합니다. 그 이유는 땅은 물보다 열의 전도가 매우 더디게 나타나는 성질이 있기 때문이에요.

즉, 땅 표면에는 여름과 겨울의 평균 기온이 약 30℃ 차이가 나지만 땅 속으로 5m 들어갈 때마다 그 차이는 약 2℃씩 줄어듭니다.

땅 속 10m 깊이만 파고들어가면 사실상 1년 내내 온도의 변화가 거의 일어나지 않습니다. 땅 속 8~15m 깊이에서 나오는 지하수는 1년 내내 거의 일정한 온도가 유지됩니다.

8월경의 뜨거운 열은 무려 반 년이 지난 한겨울에야 겨우 땅 속에 도달하죠. 그렇기 때문에 한겨울의 우물물이 오히려 가장 무더운 여름철에 보다 1~2℃가 높아지는 것입니다.

반대로 여름철에는 쉽게 열을 뺏기지 않아 차가운 물을 마실 수 있죠. 그래서 더운 여름 날에 우물물이 시원하게 느껴지고, 손이 시린 겨울철에는 우물물이 따뜻하게 느껴지는 것이에요.

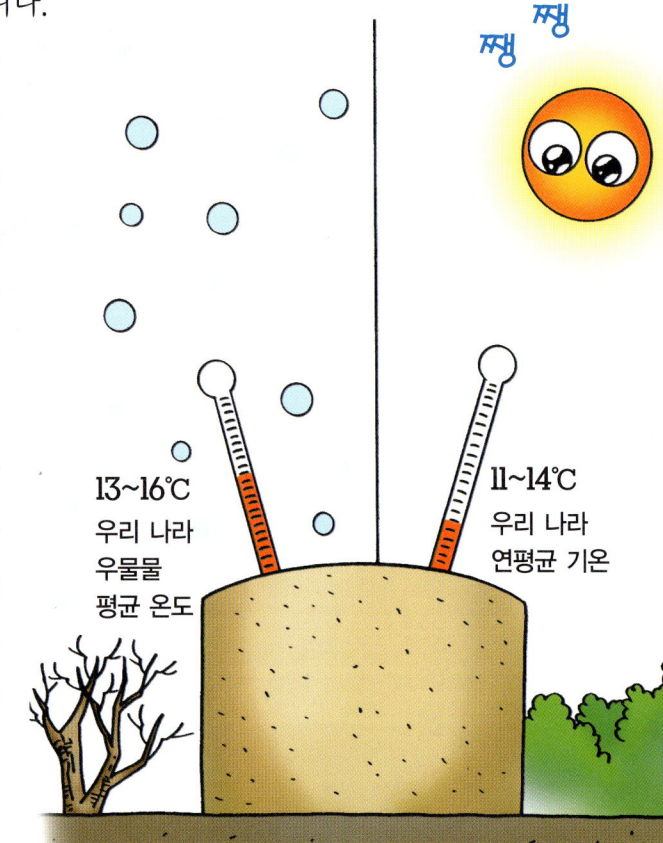

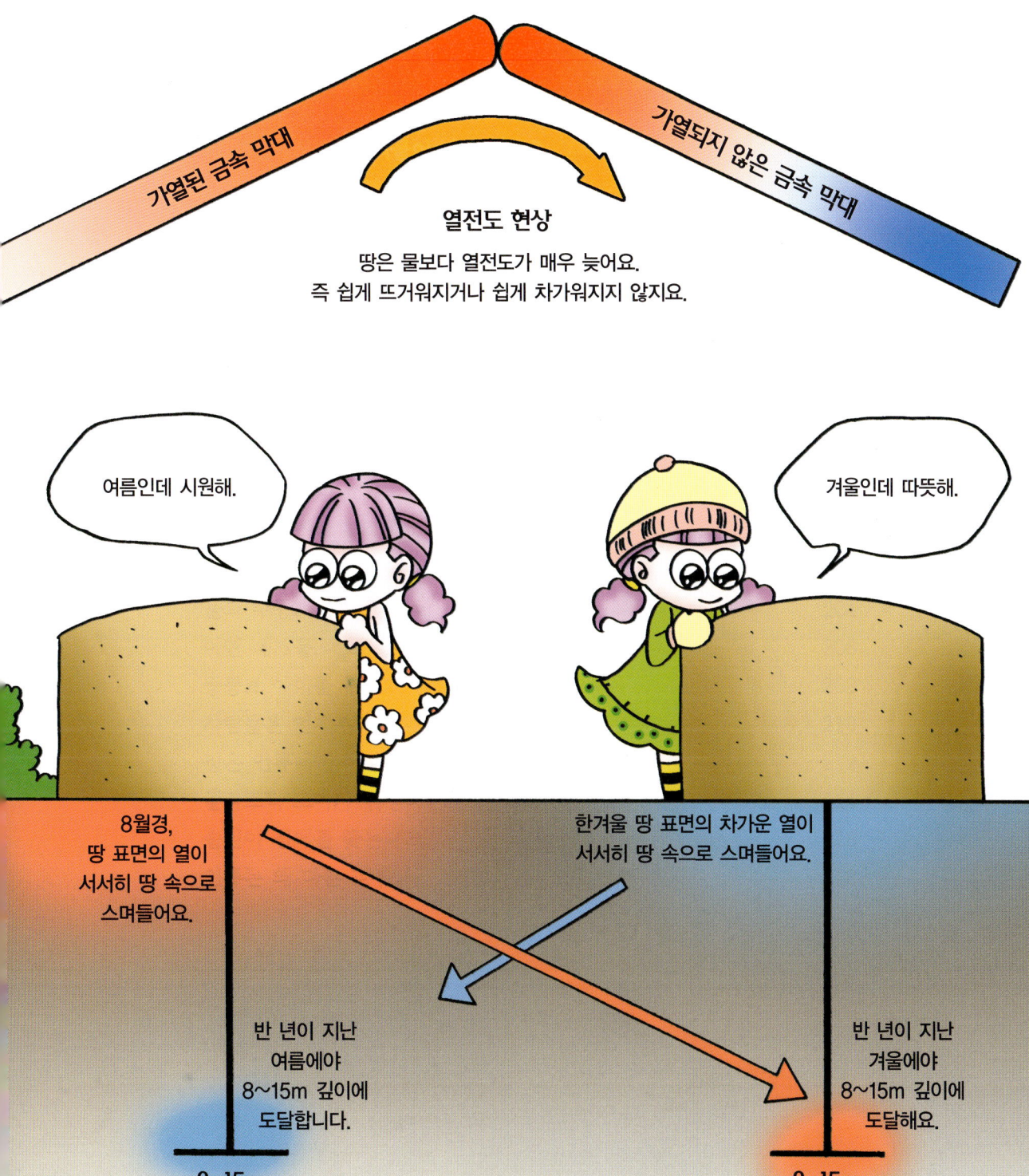

비행기가 지나가면 구름이 생긴다고요?

비행운이란 비행기가 지나간 자리에 생기는 구름

비행운이란 비행기의 운항으로 생기는 구름인데, 처음에는 흰색의 섬유 모양이지만 점차 조각으로 흩어지면서 나중에는 사라지죠.

보통은 단시간에 소멸되지만, 때로는 몇 시간 존재하는 경우도 있어요. 이 때에는 권운, 권적운과 구별이 잘 되지 않습니다.

비행기 뒤에 생기는 구름은 바로 응결핵의 영향입니다.

응결핵이란 비행기가 대기 속을 지나면서 배기 가스에 포함되어 있던 수증기가 주위의 차가운 대기에 의해 갑자기 얼게 되는데, 이렇게 생긴 얼음을 말하지요.

응결핵에 수증기가 모이면서 비행기를 따라가는 구름이 계속해서 만들어지는 거예요.

주위의 공기 온도가 낮을수록 작은 양의 수증기로도 비행운이 만들어집니다. 또 공기의 습도가 높을수록 생기기 쉽죠.

비행기가 음속 이상으로 날아가면 기체 앞쪽으로 퍼지는 파동을 따라잡게 되어 결과적으로 비행기 주변으로 퍼지는 공기가 원뿔형으로

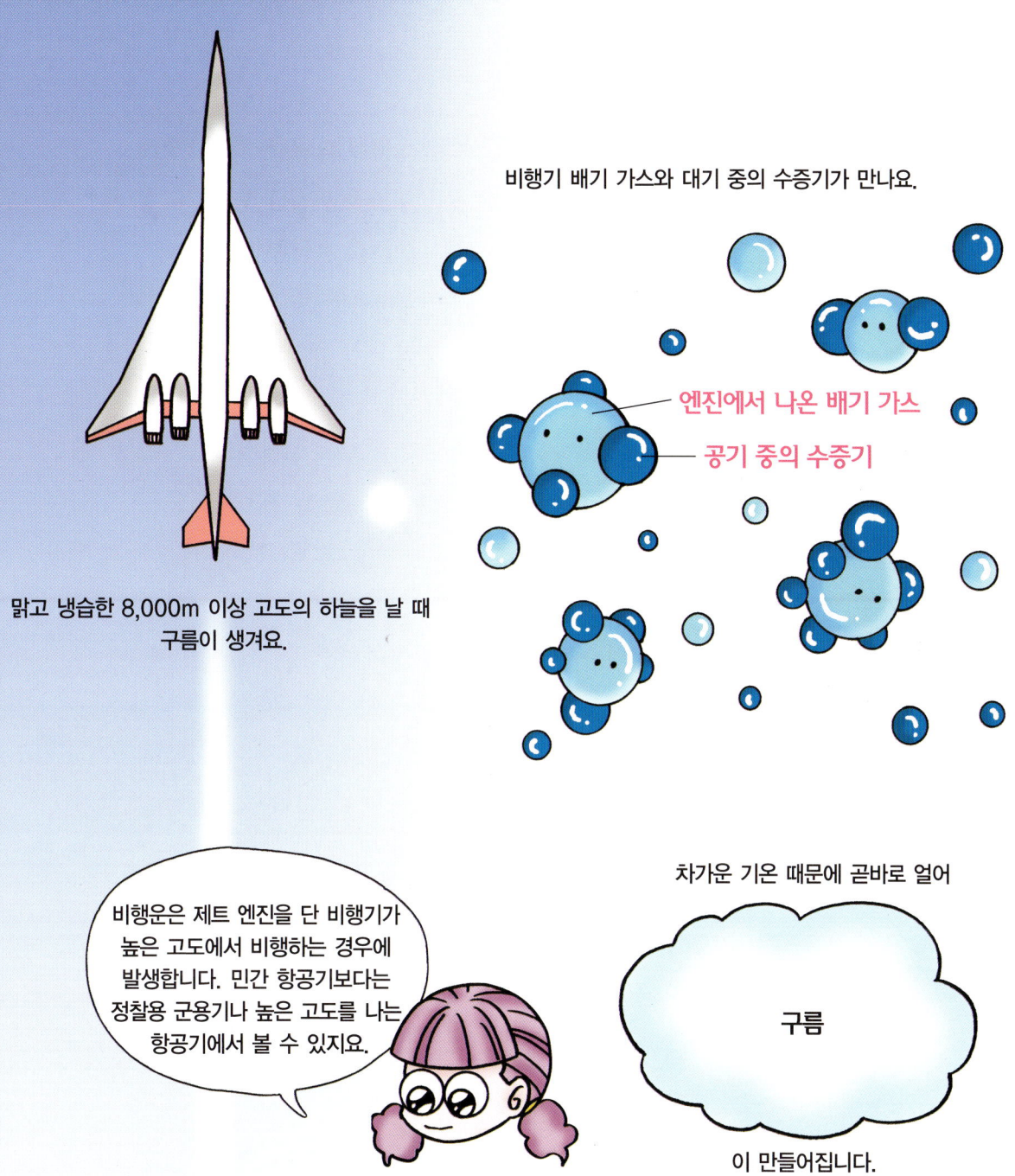

비행기 배기 가스와 대기 중의 수증기가 만나요.

엔진에서 나온 배기 가스
공기 중의 수증기

맑고 냉습한 8,000m 이상 고도의 하늘을 날 때 구름이 생겨요.

비행운은 제트 엔진을 단 비행기가 높은 고도에서 비행하는 경우에 발생합니다. 민간 항공기보다는 정찰용 군용기나 높은 고도를 나는 항공기에서 볼 수 있지요.

차가운 기온 때문에 곧바로 얼어

구름

이 만들어집니다.

뭉쳐집니다. 이 때 강한 충격파가 발생하죠. 특히, 조종석 날개 등 튀어 나온 부분에서 충격파가 발생하면 그 곳에는 공기가 압축되는데, 이 때 공기는 튀어나온 부분을 돌아 나오면서 일순간에 팽창하면 주위 대기를 응축시켜 구름이 생성되기도 한답니다.

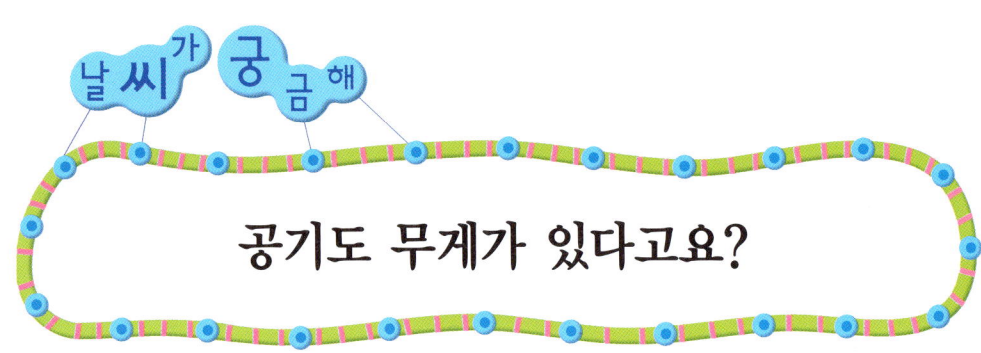

공기도 무게가 있다고요?

공기에도 무게가 있습니다. 사람은 항상 120km 높이의 공기에 눌려 있지만, 익숙해져서 느끼지 못하는 것이랍니다. 이 공기의 압력을 기압이라고 합니다. 기압을 처음으로 발견한 사람은 이탈리아의 물리학자 토리첼리입니다.

1643년의 일이었습니다. 그의 스승 갈릴레이가 공기도 무게가 있음을 깨닫고 토리첼리에게 전했습니다. 토리첼리는 한쪽을 막은 유리관을 수은에 세워 보았는데, 약 76cm 높이까지만 수은이 올라갔습니다. 이것으로 기압과 진공이 존재하는 것을 알게 되었습니다.

이것은 과학의 역사상 중요한 발견이었습니다. 그 당시에는 그리스 철학자 아리스토텔레스의 학설이 지배하고 있었기 때문에 진공은 존재하지 않는다고 믿고 있었습니다. 그러나 토리첼리의 실험으로 완전히 뒤바뀌게 되었던 것입니다.

그 뒤 프랑스의 철학자이며 물리학자인 파스칼은 고도가 높을수록 기압이 떨어지는 것을 실험한 후, 기압은 공기의 무게인 것을 확실하게 알게 되었습니다. 기압의 변화가 날씨 변화의 징조이기 때문에 기압계는 처음에 청우계로 불렀으나, 사실은 기압을 재는 기계이므로 제2차 세계 대전 중에 기압계로 이름이 바뀌게 된 것입니다.

1819년에 독일 브란데스가 유럽 각지의 기압 관측 자료를 모아 처음으로 등압선을 그렸습니다. 이에 따라 기상에는 고기압이나 저기압과 같은 스케일이 큰 구조가 있음을 알게 되었고, 오늘날 일기도에 의한 일기 예보 방식으로 발전되었다고 해요.

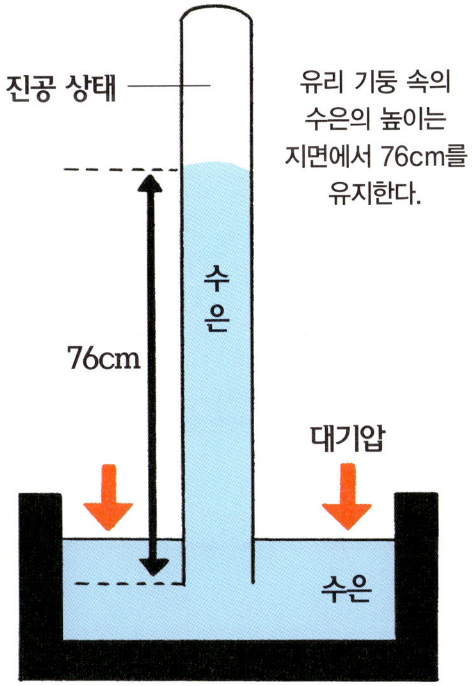

추울 때 왜 몸이 떨릴까요?

사람은 약 36.5℃의 일정한 체온을 유지하기 위해 체내에서 열을 발생시킵니다. 이 열의 일부는 체온을 유지하는 데 사용되고, 일부는 피부 표면을 통해 방출되죠.

날씨가 추워지면 사람의 몸은 추위에 반응하는 갖가지 신체적 변화를 겪게 되는데, 그 중 대표적인 것이 바로 몸을 떠는 것입니다.

간단한 떨림에서부터 입술과 온몸을 유난스레 떠는 떨림까지 여러 가지죠.

우리가 쾌적함을 느낄 때는 체내에서 생성되는 열과 표면에서 방출되는 열이 같을 때예요. 그러나 추위를 느끼게 되면 체내에서 생성되는 열보다 방출되는 열이 많기 때문에 체온이 정상보다 낮아지게 됩니다. 그러면서 인체 내부는 몸이 느끼는 추위를 몰아 내기 위해 열을 발생시키거나 열 방출량을 최소화하는 작업에 들어가게 됩니다.

소변을 보면 몸이 떨리는 것이 대표적인 예입니다. 따뜻한 소변이 몸에서 한꺼번에 빠져 나가면 체온이 떨어지므로 순간적으로 몸을 떨어 열 생산을 증가시키는 몸의 무의식적인 행동인 것이죠.

또 피부와 피부 혈관이 수축되어 털이 곤두서게 됩니다. 또한 노출 면적을 감소시키기 위해 몸을 잔뜩 웅크리는 것도 추위에 대응하기 위한 행동이죠.

무의식적인 근육 운동과 떨림은 평상시의 4배까지 열을 생산할 수 있는데, 떨림을 이용해 체온을 높이는 것은 추위를 이겨 내기 위한 너무나 자연스러운 행동이랍니다.

날씨가 추울 때 몸이 떨리는 것은 열을 만들어 내기 위해서입니다.

우리 몸의 체온을 조절하는 곳

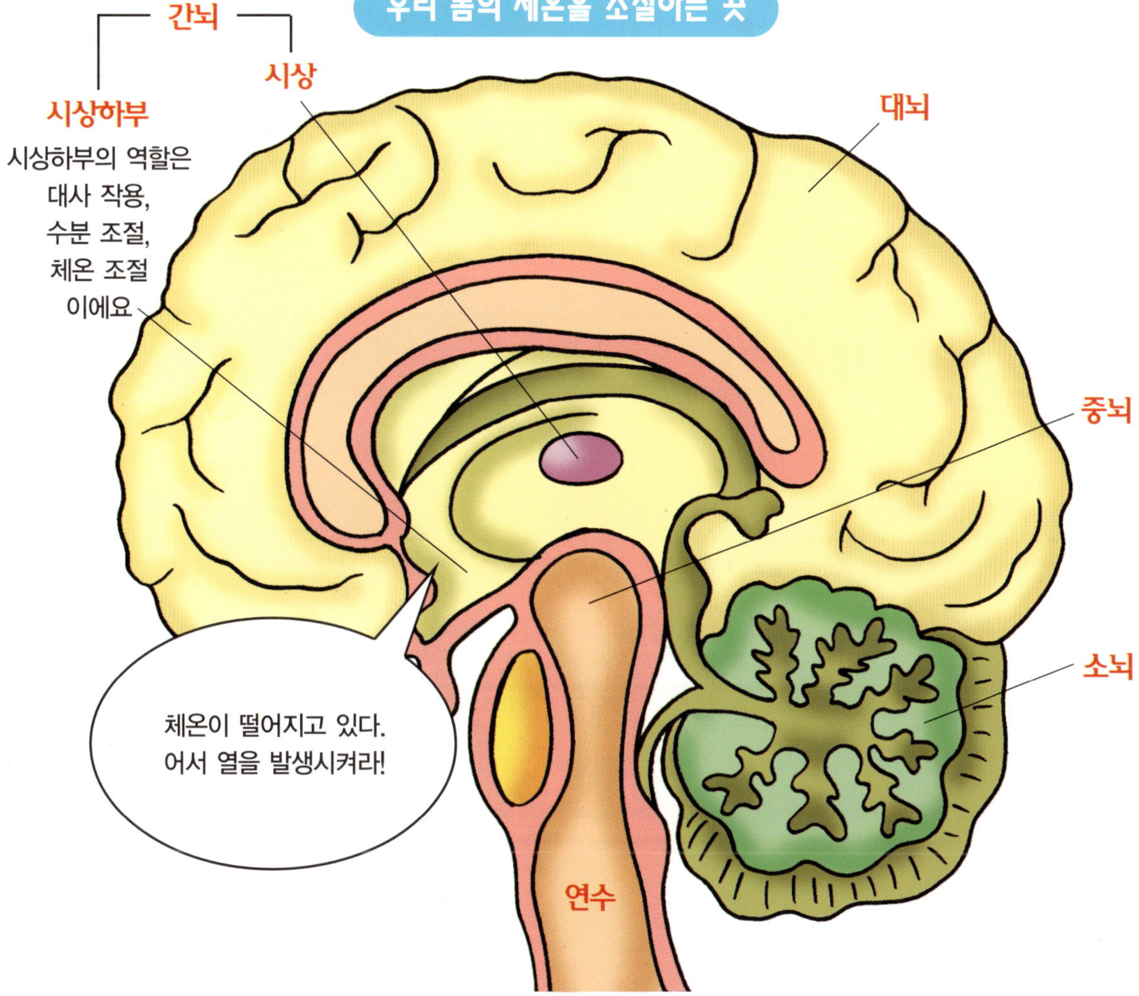

간뇌
- **시상**
- **시상하부**
시상하부의 역할은 대사 작용, 수분 조절, 체온 조절 이에요.

대뇌

중뇌

소뇌

연수

체온이 떨어지고 있다. 어서 열을 발생시켜라!

바람은 왜 꽃에게 샘을 부리나요?

　꽃이 필 무렵에 날씨가 갑자기 추워지는 것을 꽃샘추위라고 합니다. 날이 풀렸다가 갑자기 추워지기 때문에 더 춥게 느껴지지요.

　3월이 되면 우리 나라는 중국 대륙의 따뜻한 이동성 고기압이 이동하면서 기온이 상승하게 됩니다.

　그러나 일시적으로 겨울형 기압 배치로 되돌아가 차가운 대륙 고기압이 크게 발달해 한반도 쪽으로 그 세력을 확장하면 강추위가 약 2, 3일 계속 되기도 해요.

　상층과 지표면 부근과의 기온차가 낮에는 더욱 커 대류가 불안정합니다. 그래서 바람이 강하게 불기도 하죠.

　이로 인해 피부로 느끼는 체감 온도는 더욱 낮아져 한겨울 추위처럼 느끼는 것입니다.

　3월 중 지금까지 관측된 최저 기온을 보면 서울은 1914년 3월 1일에 −16.1℃이고, 부산은 1977년 3월 5일 −7.7℃를 기록한 적이 있어요.

　또한 4월 중 최저 기온은 1972년 4월 1일 서울은 −4.3℃이었고, 부산은 1944년 4월 4일 −1.5℃로 부산 지방도 4월에 영하의 꽃샘추위가 나타나기도 했답니다.

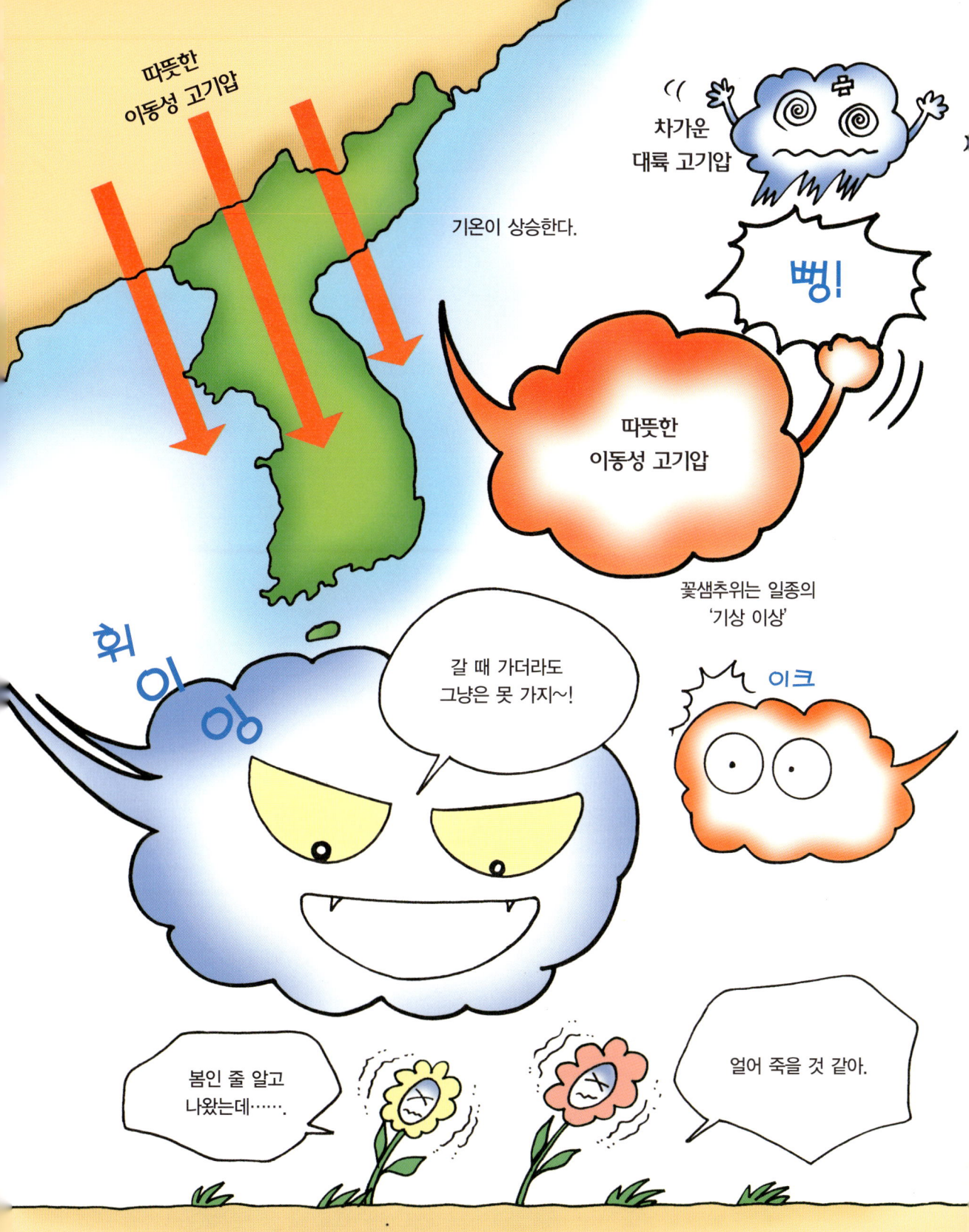

안개와 스모그는 어떻게 해서 생길까요?

안개는 구름이 지면 가까이 발생한 것으로 우리들의 생활과 관계가 깊으며 교통, 농작물 등에 많은 영향을 끼칩니다.

안개를 발생 원인에 따라 여러 가지로 분류할 수 있습니다.

밤이 되어 땅이 식으면 근처에 있던 물방울들이 뭉쳐서 발생하는 안개를 복사 안개라고 합니다. 특히 대륙 분지나 골짜기 같은 곳에 심하게 발생하는데, 도시에서의 스모그 현상도 이 종류에 속합니다.

또 이류 안개는 따뜻하고 습한 공기가 저온의 수면이나 지면과 접할 때 발생하는 안개예요. 이와 같은 안개는 보통 해안 지방에서 잘 발생합니다.

반대로 따뜻한 수면 위에 찬 공기가 흘러들어갔을 때는 따뜻한 수면에서 증발한 수증기가 찬 공기를 만나 응결합니다. 이를 증발 안개라고 합니다. 겨울 아침 강가에 생기는 안개가 증발 안개입니다.

그 밖에 성질이 다른 기단 사이의 경계에 생기는 전선 안개가 있으며, 온도가 다른 두 공기가 혼합할 때 생기는 혼합 안개, 산기슭에 따라 구름이 올라가면서 생기는 활승 안개 등이 있습니다.

또 특수한 것으로는 도시에 잘 발생하는 스모그가 있습니다. 안개 속에 다량의 매연과 아황산가스가 섞인 것으로, 먼지나 매연이 지면 가까이 정체하는 조건과 앞에 말한 안개 발생 조건이 합쳐질 때 발생하는 것과 공장이나 자동차에서 배출된 질소 산화물이나 탄화수소가 공기 중에 다량 포함될 때 이들 가스가 태양의 자외선을 흡수하고 광화학 반응을 일으켜 옥시던트를 발생하는 것 등이 있답니다.

이류 안개

따뜻한 공기가 포함된 수증기가 찬 수면에서 냉각되죠.

증발 안개

찬 바람이 따뜻한 수면 위의 수증기를 냉각시키죠.

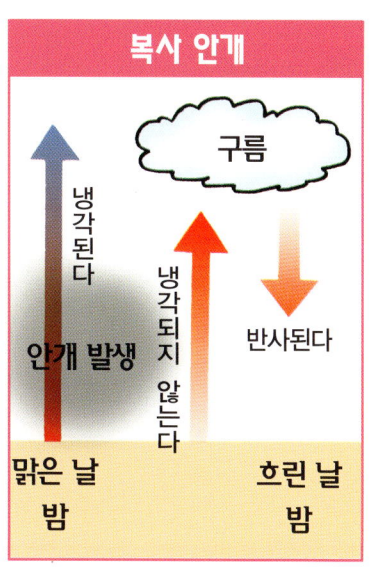

복사 안개

지표면의 복사에 의해 냉각. 수증기가 포함되어 안개가 되죠.

스모그(연기+안개)는 도시의 매연이 안개 모양의 기체가 된 거예요.

런던형 스모그

주로 공장이나 빌딩의 난방 시설, 가정의 난방 시설에서 배출되는 아황산가스나 매연에 의해 발생되는 스모그죠.

로스앤젤레스형 스모그

주로 자동차 배기 가스에서 나오는 질소 산화물이 햇빛(자외선)과 작용하여 맑은 날에도 뿌옇게 되는 상태의 스모그죠.

백중 때 밀물의 높이가 가장 높아진다고요?

바닷물은 하루 두 번씩 주기적으로 수위가 낮아지는 간조와 수위가 높아지는 만조를 반복하면서 순환 작용을 하죠.

달과 지구와의 거리가 가장 가까워 인력이 가장 클 때 만조 수위가 높아져 해안가의 낮은 지대를 침수시키기도 합니다. 이런 현상을 해일이라고 하죠.

우리 나라 서해안은 간만의 차가 심해 낮은 곳에서는 자주 해일 피해를 입고 있습니다.

매달 음력 보름과 그믐경에 수위가 높아져 최고에 달하는 만조 때를 사리라고 합니다. 만조 수위가 높은 사리에는 유두사리(음력 6월 15일)와 백중사리(음력 7월 15일)가 있습니다. 특히 일 년 중 만조 수위가 가장 높은 사리는 백중사리입니다.

백중사리는 농사일에 뜻밖의 복병이라고 합니다. 여름내 잘 자란 곡식의 수확을 기다리고 있다가, 갑자기 넘친 바닷물로 농사를 망치기 때문입니다. 바닷물의 수위가 7m 이상씩 높아지므로 논밭은 물론, 주택지, 양식장의 피해도 큽니다. 비 소식까지 겹치면 더 큰일이지요.

반대로 인력이 가장 작을 때는 음력으로 매달 8일과 23일쯤이에요. 이 때는 바닷물이 가장 낮은 간조 때가 되어 서해안에서는 바닷물이 모두 빠져 나가 바다의 밑바닥을 훤히 드러내 보이기도 합니다.

사리 때 높아진 만조 수위로 인하여 해안 지방의 저지대나 농경지가 침수되는데, 이러한 해일 피해는 지진이나 태풍 등의 영향을 받으면 더욱 커지게 됩니다.

사리 때 달과 지구의 모습

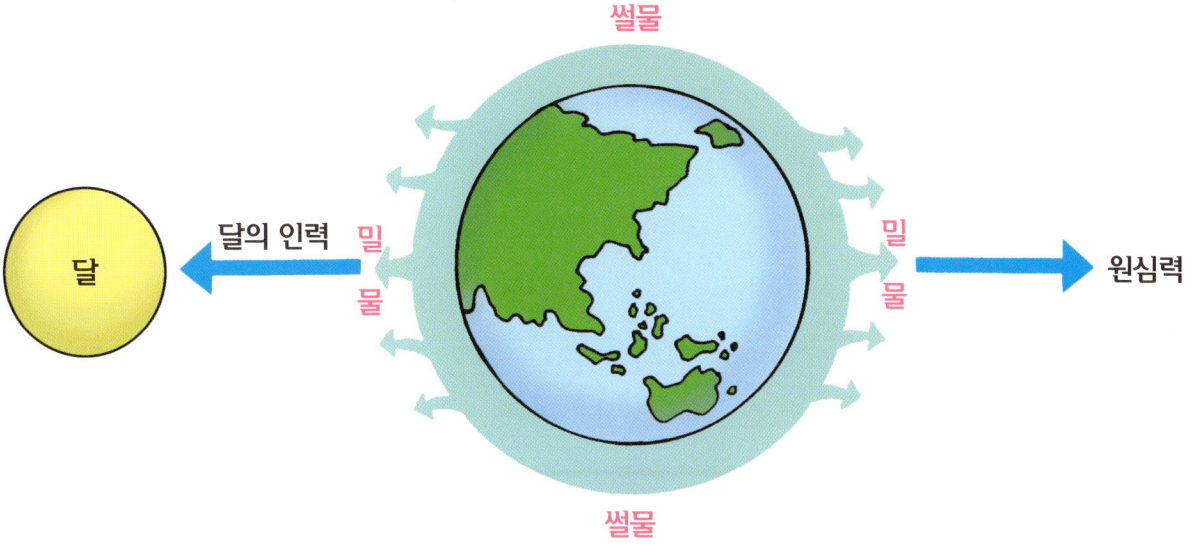

달과 가까운 쪽은 달의 인력 때문에 바닷물의 수위가 올라가고
반대쪽은 달과 지구의 회전하는 원심력 때문에 바닷물의 수위가 올라갑니다.

이렇게 높아진 바닷물의 수위가
해저 화산 폭발, 지진, 지반의 침몰, 태풍
등을 만나면 해일을 일으키는 거예요.

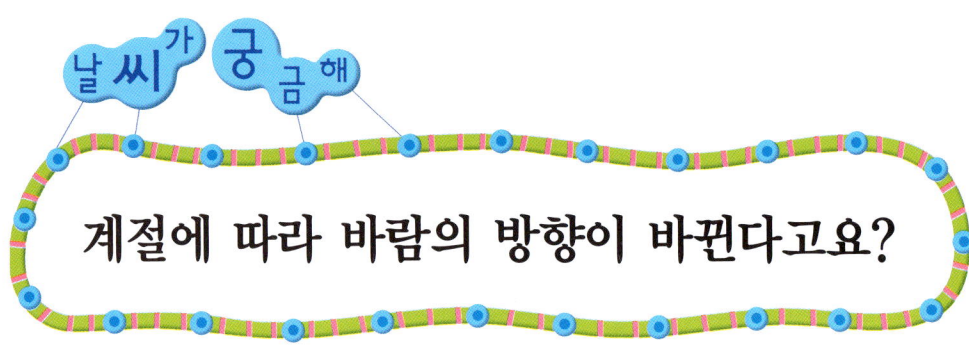

계절에 따라 바람의 방향이 바뀐다고요?

겨울과 여름, 계절에 따라 방향을 바꾸어 부는 바람을 계절풍이라고 합니다.

계절풍 발생의 주요 원인은 대륙과 해양의 온도차입니다.

겨울이 되면 대륙이 해양보다 기온이 낮아져 찬 대륙 고기압이 발생하게 됩니다. 그래서 바람이 바다를 향해 불게 되는 거예요.

여름은 반대로 대륙의 온도가 높아 저기압이 형성되기 때문에 바다에서 육지를 향해 바람이 불게 됩니다.

계절풍의 발생 원인은 해륙풍과 거의 비슷하지만 규모가 큰 것이 다릅니다.

우리 나라의 겨울철에 영향을 주는 북서 계절풍은 시베리아 대륙에서 동아시아 연안 및 근해로 부는 한랭 건조한 북서풍을 말합니다.

즉 시베리아 지방에는 찬 대륙 고기압이 발달하고 한반도나 그 부근 해상을 통과한 저기압이 알류산 저기압에 흡수되어 크게 발달하게 되면 우리 나라에는 북서 계절풍이 강하게 불게 되죠.

시베리아에서 정상적으로 고기압이 만들어지는 것은 열적인 원인 이외에도 히말라야 산맥과 같은 거대한 지형의 영향도 받습니다.

아시아에서는 동서로 뻗은 히말라야 산맥이 겨울의 찬 기류를 막아서 강한 고기압을 형성하지만, 미국에서는 남북으로 뻗은 큰 산맥은 많으나 동서로 뻗은 것이 없어서 한기가 발생해도 남북으로 흐르고 말기 때문에 강한 고기압이 발생하기 어렵지요.

따라서 계절풍은 동부 아시아와 인도에서 두드러진답니다.

공기의 순환

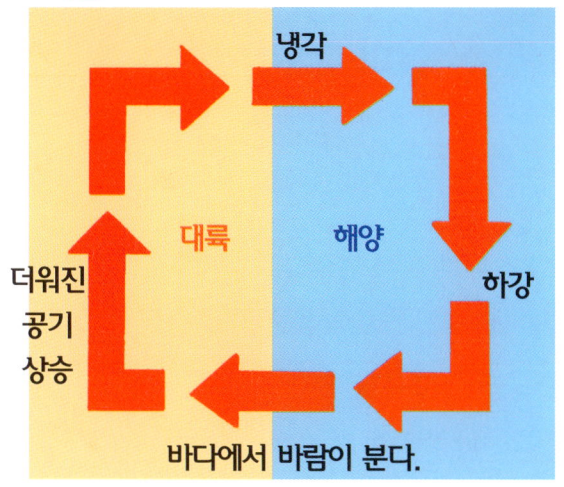

<여름>

대륙이 해양보다 빨리 가열, 해양에서 대륙 쪽으로 바람이 불어요.

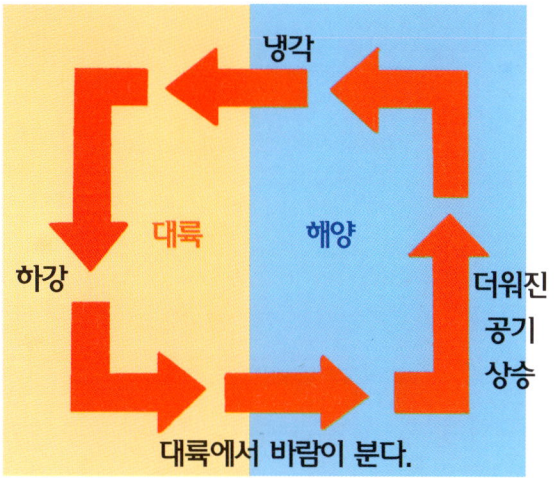

<겨울>

대륙이 해양보다 빨리 냉각, 대륙에서 해양 쪽으로 바람이 불어요.

계절풍은 대륙과 해양의 온도차에 의해 발생해요.

여름철 – 북태평양 기단의 영향

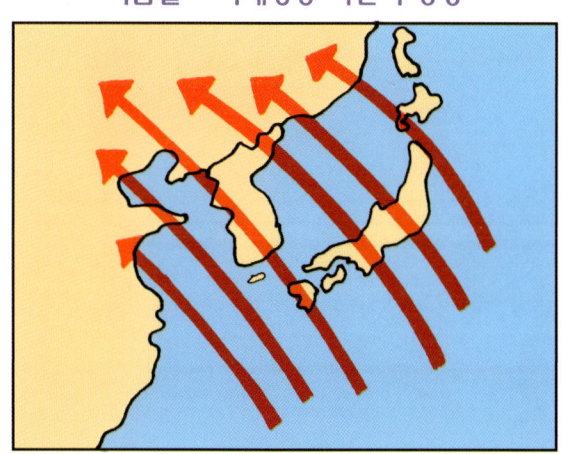

남동 계절풍

겨울철 – 시베리아 기단의 영향

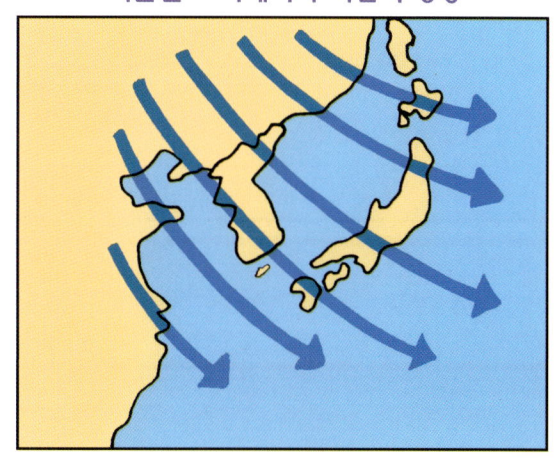

북서 계절풍

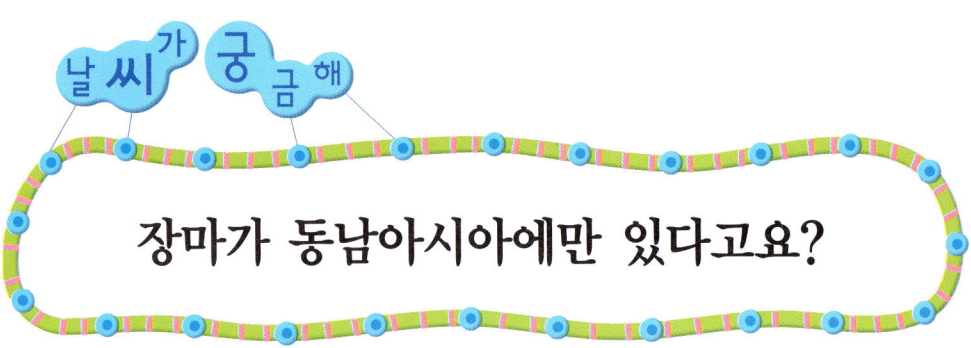

장마가 동남아시아에만 있다고요?

우리 나라에서는 6월 하순부터 7월 하순까지 비가 많이 내리는 기간을 장마라고 합니다. 인도나 태국, 베트남에서는 '몬순'이라고 부르고, 중국에서는 '메이유', 일본에서는 '바이우'라고 부릅니다.

북태평양 고기압이 남해안으로 올라오고 반대로 차고 습한 오호츠크 해 고기압 또는 차고 건조한 대륙 고기압이 북쪽에서 내려오게 되면 두 기단 사이에 장마 전선이 만들어지면서 장마가 시작됩니다.

습하고 찬 구름

습하고 더운 구름

장마는 남쪽의 따뜻한 공기와 북쪽의 차가운 공기가 만나 머물면

많은 비구름이 생기게 되고 계속해서 비가 내리게 됩니다.

장마에 영향을 미치는 두 기단은 동남아시아와 극동 지방에만 발생하기 때문에 다른 지역에서는 장마를 볼 수 없답니다.

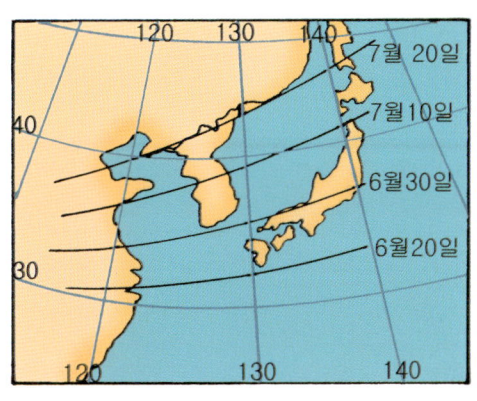

<장마 전선의 북상 주기>   <장마철 일기도>

장마라고 해서 연일 비가 내리는 것이 아니라 장마 휴식이 있습니다. 이 때는 구름 사이로 햇빛이 나오기 때문에 일조량이 부족했던 농작물에 구세주와 같은 역할을 해요.

그런데 장마 휴식 기간이 길어져 연일 햇빛만 내리쬐는 '마른 장마'가 되면 일부 지방은 강물이 메말라 식수조차 부족집니다. 또 거북등같이 갈라진 논바닥을 볼 수도 있답니다.

장마는 유럽이나 아메리카 대륙에서는 볼 수 없고, 동남아시아와 극동 지방에서만 볼 수 있는 특수한 기상 현상으로, 장마가 이들 지방의 생활과 풍습은 물론 정치, 경제에까지 영향을 미치기도 합니다.

장마는 농산물 수확에 큰 영향을 미치며, 각종 재해를 유발하기도 한답니다.

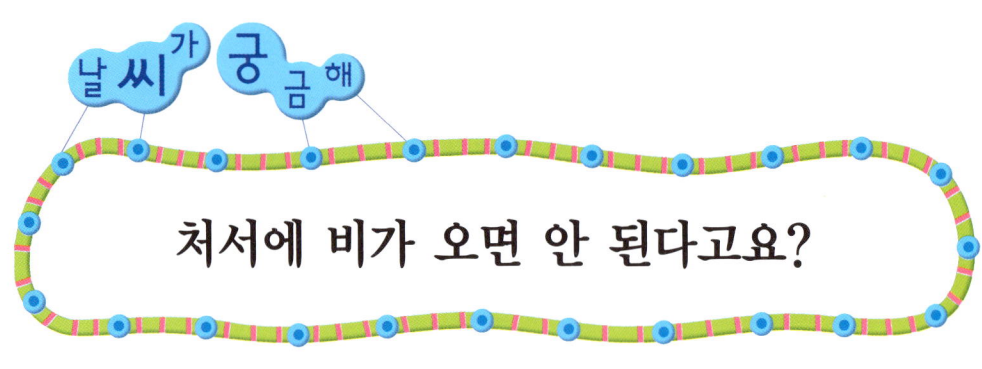

처서에 비가 오면 안 된다고요?

독(항아리)은 음식이 쉽게 변하거나 벌레가 생기지 않기 때문에, 조상들은 항아리에 쌀이나 물 등을 담아 사용하기도 했어요.

　처서는 한여름의 극심했던 무더위가 물러가고 가을의 문턱에 들어선다는 날입니다. 처서가 되면 아침 저녁으로 선선한 바람이 불기 시작하지요.

　또 농부들은 익어 가는 곡식을 바라보며 쟁기 같은 농기구를 닦았습니다. 다음 농사를 준비하는 것이에요.

　옛날부터 '처서에 비가 오면 독 안의 곡식이 준다.'는 이야기가 전해

졌어요. 또 '처서에 비가 오면 십 리에 천 석 감한다.'는 말도 있어요. 둘 다 처서에 비가 오면 흉년이 든다는 말이에요.

처서부터 가을 채소의 씨앗을 뿌리고 가꾸기 시작하는데, 이 날 비가 오면 파종 시기를 놓치게 되기 때문입니다.

처서 이후로는 계속 낮이 짧아져서 농작물들이 잘 자라지 못해요. 따라서 수확량이 그만큼 줄어들게 된다는 뜻이에요.

또 처서 이후에는 모기 입도 비뚤어진다는 말이 있어요. 처서부터는 저녁 어스름이 눈에 띄게 빨라져서, 그림자도 하루가 다르게 길어져 추워진다는 얘기지요. 모기와 벌레들의 극성스러움도 사라지죠.

그래서 처서 이후에는 풀이 자라지 않는다고 해요.

그러나 여름의 꼬리는 아직도 사그라지지 않아 태풍도 한두 개 남아 있어서 생각지도 못한 피해를 주기도 합니다.

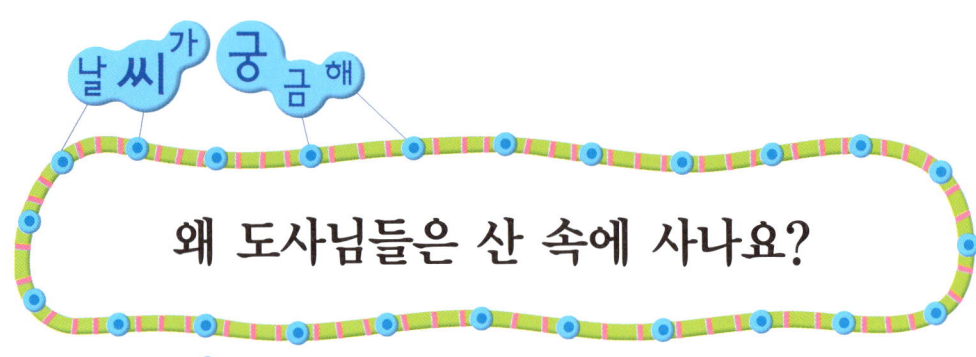

왜 도사님들은 산 속에 사나요?

높은 곳으로 오르면 오를수록 기압은 낮아집니다. 해발 800m가 되면 해면보다 90hPa 가량 낮아집니다.

그런데 한 연구 조사 보고에 의하면 해발 800m 정도 높이의 기압이 사람의 두뇌에는 가장 쾌적한 상태가 된다고 합니다. 또한 그런 상태가 머리를 쓰는 데 가장 좋은 조건이라고 해요.

몇 가지 예를 들면, 세계적으로 유명한 종교인들이 수도한 곳이 거의 해발 800m 높이의 산이었다고 합니다.

즉 모세가 하느님의 음성을 들었다는 시나이 산, 우리 나라의 고승들이 도를 닦기 위해 수도한 곳도 깊은 산 중턱에 자리한 해발 800m의 절이나 암자였던 것으로 확인할 수 있답니다.

수십 년 전, 한때 산 속의 절이 고시 공부하기에 좋은 곳이라 하여 너도나도 짐을 챙겨서 사찰이나 주위의 민가로 모여들 때가 있었어요. 그것도 이런 이유 때문이 아닐까요?

산성비가 질병의 원인이 된다고요?

산성비의 피해

고대 유적지를 포함한 모든 토목 건축물을 부식시키죠.

아이고, 기운 없어.

토양이 산성화되어 식물이 제대로 자라지 못해요. 산림은 황폐해지고 농작물의 수확이 줄어들어요.

호수와 하천의 물이 산성화되어 물고기가 죽어요. 사람도 중금속으로 인해 해를 입게 됩니다.

수용성 알루미늄

산성비는 공장이나 자동차 배기 가스에서 배출되는 아황산가스와 질소 산화물이 대기 중의 물방울 속으로 녹아 들어가 내리는 거예요.

사람이 직접 맞을 경우 피부병을 일으키며 피부 노화가 촉진됩니다.

산성비가 흙 속으로 들어가면 미생물이 살 수가 없을 정도로 해로워요. 산성화된 흙에서 자란 농산물을 사람들이 먹게 되면 몸 속에 중금속이 쌓이게 되어 여러 가지 질병을 일으키게 됩니다.

뿐만 아니라 산성비에 오염된 물에서 잡힌 물고기와 어패류를 먹게 되면 우리 몸 안에는 중금속이 쌓이게 되지요. 산성비를 맞은 풀을 먹고 자란 가축의 젖이나 고기, 알 등을 사람들이 먹게 되어도 마찬가지입니다. 이렇게 사람들의 몸 속에 누적된 많은 양의 중금속 때문에 건강은 극도로 나빠져 심한 질병에 시달리게 되는 것입니다.

수백 년 간 가꾸어 온 숲들도 산성비의 영향으로 모조리 죽어 가고 있습니다. 몇백 년까지 충분하게 지탱할 아름다운 조각들과 건축물들이 산성비의 피해로 서서히 녹아 부서지고 있으며, 4천여 개의 호수가 이미 생물이 살 수 없을 정도로 되어 가고 있다고 합니다.

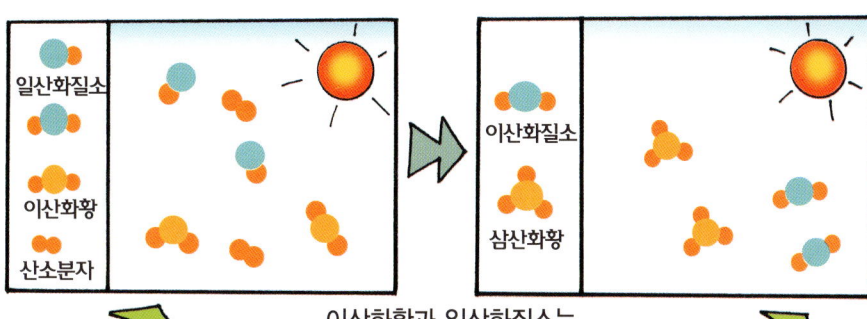

이산화황과 일산화질소는 태양빛에 의해 삼산화황과 이산화질소로 산화

산성비를 일으키는 가장 큰 원인은 황(S)과 질소(N)

자동차, 가정, 공장 등에서 사용하는 각종 화석 연료(석탄, 석유류 등)는 황산화물과 질소산화물을 형성해요.

대기 중의 삼산화황과 이산화황, 이산화질소는 빗물에 녹아 황산화질소가 되어 내려옵니다.

방지책으로는…….

대기를 오염시키는 가스를 배출하지 마세요.

땅에 석회질의 비료를 뿌리면 산성화를 지연시킬 수 있어요.

산림을 구성하는 나무는 산성비에 강한 품종으로 바꾸어 심어야 해요.

날씨가 궁금해

눈이 오면 염화칼슘을 언제 뿌리나요?

눈이 내리면 도로가 미끄럽기 때문에 눈을 녹이기 위해서는 염화칼슘을 뿌려야 합니다.

이 염화칼슘 살포 작업을 언제 하느냐에 따라서 비용이 달라지므로 정확한 일기 예보가 염화칼슘 활용에 매우 중요한 요소가 되지요.

그러므로 겨울철은 일기 예보를 통해서 눈이나 추위로 인해 도로가 빙판이 될 가능성을 예측하고, 이를 바탕으로 도로에 염화칼슘 살포나 제설 작업 여부를 결정하죠. 그런데 눈이 오지도 않았는데 미리 도로에

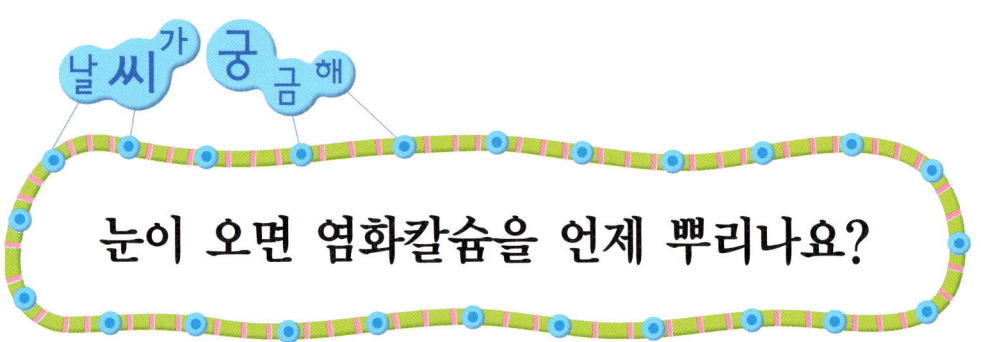

눈이 내리면 눈이나 얼음을 녹이기 위해 염화칼슘을 뿌려요.

염화칼슘과 눈이 녹는 것은 흡열반응이예요. 어는점이 내려가기 때문에 녹은 눈이 얼지 않아 제설 작용을 하는 것이죠.

염화칼슘을 뿌리게 되면 효과가 없습니다.

눈이 오기 1~3시간 전에 뿌린다면 1㎡에 10g 정도만 뿌려도 돼요.

하지만 도로가 얼었거나 눈이 온 후에 뿌린다면 1㎡에 40g이라는 많은 양의 염화칼슘을 뿌려야 겨우 효과를 볼 수가 있답니다.

이와 같이 기상 정보는 염화칼슘의 소비량을 줄여 예산을 절감하는 데 기여합니다.

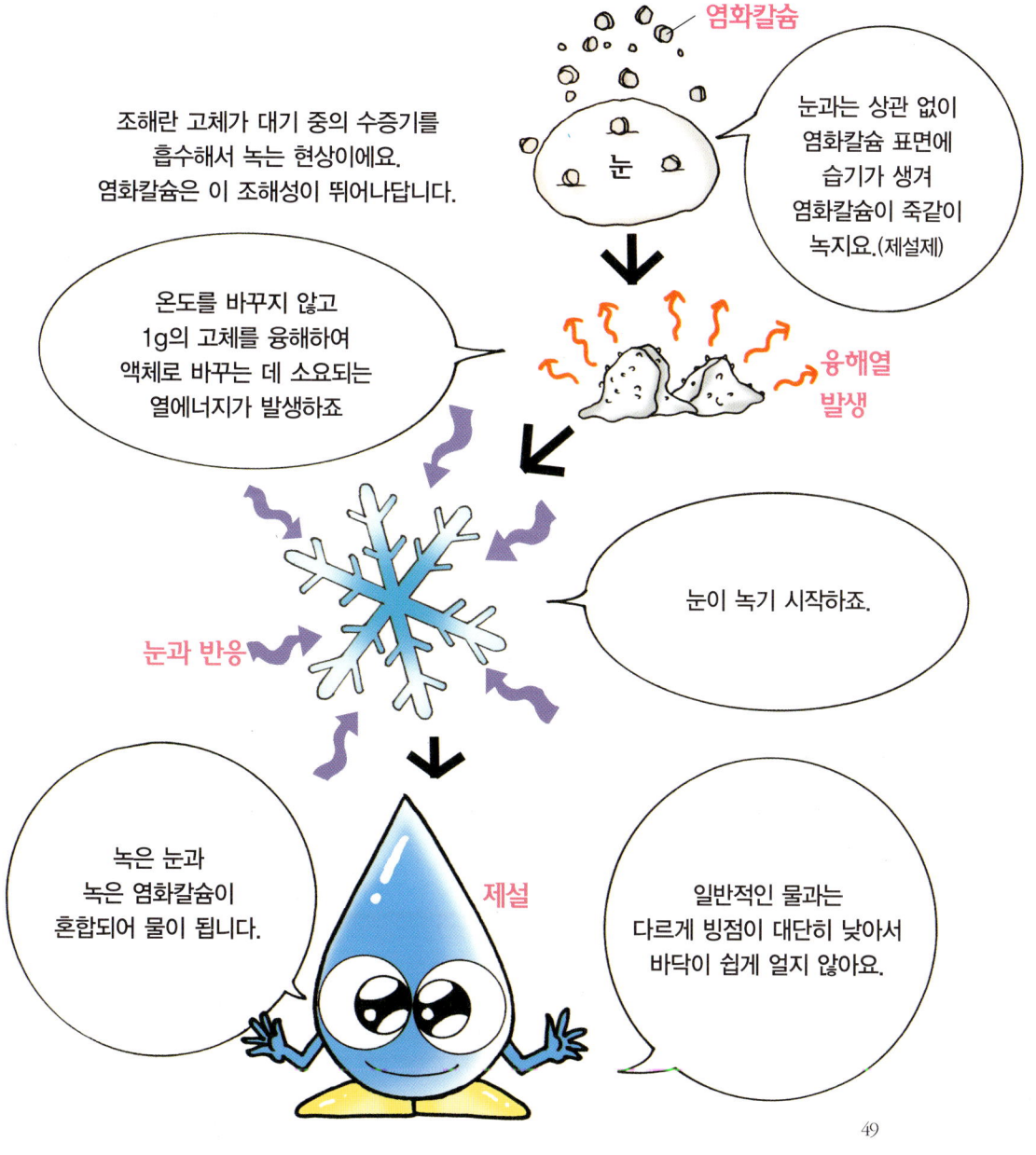

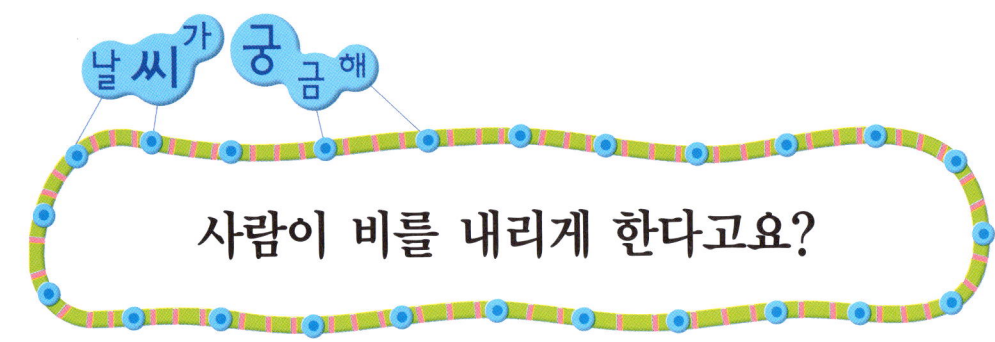

사람이 비를 내리게 한다고요?

논밭에 심어 놓은 농작물이 가뭄 때문에 말라 죽는 것을 본 사람들은 직접 비를 만들어야겠다고 생각했습니다. 그리고 비를 내리게 하는 데 성공했지요. 그게 바로 인공 강우예요.

인공 강우란 비를 갖고 있지 않는 구름에 어떤 약품이나 기타의 영향을 주어 강제로 비를 내리게 하는 방법을 말합니다. 현재 세계 각지에서는 인공 강우에 대한 다양한 연구와 실험을 실시하고 있습니다.

우선 '드라이아이스 법'이 있습니다. 많은 양의 드라이아이스를 지름 1cm 이하의 작은 조각으로 빻아서 구름 속에다 골고루 뿌리는 방법입니다. 이 때 구름 위의 온도가 -7℃ 이하, 냉각된 구름의 두께가 약 1,500m 이상의 경우일 때 비가 올 확률이 대단히 높다고 해요.

그리고 '요오드화은 법'이 있습니다. 구름 밑에서 비행기나 혹은 지상에서 요오드화은 연기를 내어 그 연기가 구름에 닿게 하거나, 아니면 화약에 섞어 구름 속에서 폭발시켜 구름에 연기가 골고루 퍼지게 하는 방법입니다. 이와 같은 방법을 실시하게 되면 강수량의 10~20% 정도가 증가한다고 합니다.

음식이 궁금해

미역의 주성분인 알긴산이 우리 몸 속으로 들어오면
포만감을 주기 때문에 음식물을 많이 먹지 않게 되죠. 그래서
상대적으로 비만에 걸리지 않게 체중을 조절해 줍니다.
알긴산은 미끈미끈한 성질이라,
위장이나 창자의 운동을 촉진하는 역할을 하는
아주 고마운 성분입니다.

— '왜 아기를 낳으면 미역국을 먹나요?' 중에서

소장

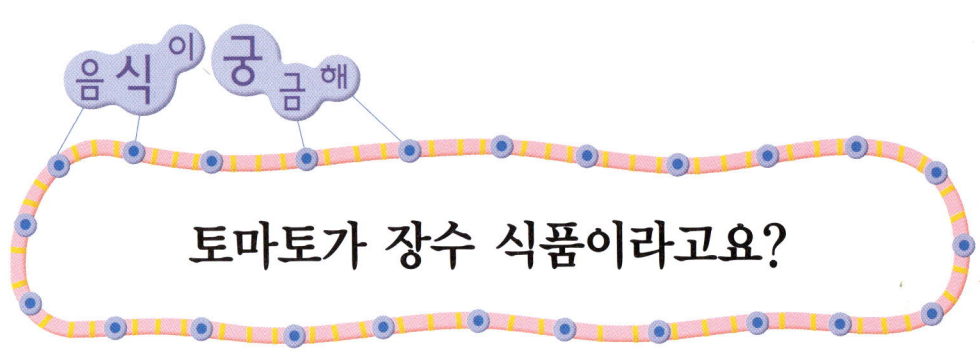

토마토가 장수 식품이라고요?

　토마토에는 항산화 효과가 있는 베타카로틴, 비타민 C, 비타민 E, 셀레늄, 식이 섬유 등이 풍부하게 들어 있으며, 특히 '리코펜'이라는 성분이 많은 것이 가장 큰 특징입니다.

　잘 익은 토마토에 들어 있는 색소 리코펜이라는 성분은 베타카로틴보다 두 배나 강력하게 산화 작용을 방지해 준다고 합니다.

　미국 하버드 대학 연구에 따르면, 토마토 요리를 주 10회 이상 먹고 있는 사람은 전립선암에 걸릴 확률이 먹지 않는 사람에 비해 45%나 낮았다고 합니다.

　또 최근 영국에서의 보고를 보면 일 주일에 토마토를 두 개 이상 먹는 사람은 흡연자라 하더라도 만성 기관지염에 걸릴 확률이 반으로 줄어든다고 보고했습니다.

　또 토마토는 피를 엉기지 않게 하는 작용을 해서, 뇌경색이나 협심증 환자들에게 특히 권장하는 식품입니다.

그런데 중요한 것은 이처럼 우리 몸에 이로운 성분은 파란색이 나는 덜 익은 토마토에는 별로 들어 있지 않다는 점이에요. 따라서 토마토를 고를 때는 빨갛게 잘 익은 토마토를 선택하는 것이 좋습니다.

세포의 산화 작용을 방지하는 중요한 역할을 합니다.

토마토가 붉어지는 것도 리코펜 때문인데, 리코펜은 20~30℃의 맑은 날씨가 계속될 때 적색으로 짙어져요.

아이, 부끄러워라.

뇌졸중, 고혈압, 당뇨 등 피가 엉기는 것을 풀어 주는 효과도 있어요.

비타민 C의 함유량이 많아 두 개면 하루 필요한 양을 모두 섭취할 수 있지요.

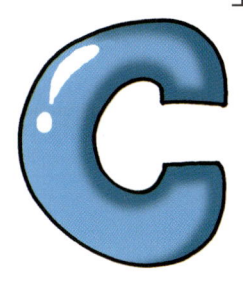

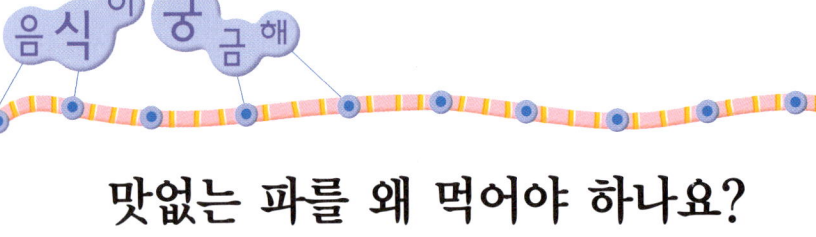

맛없는 파를 왜 먹어야 하나요?

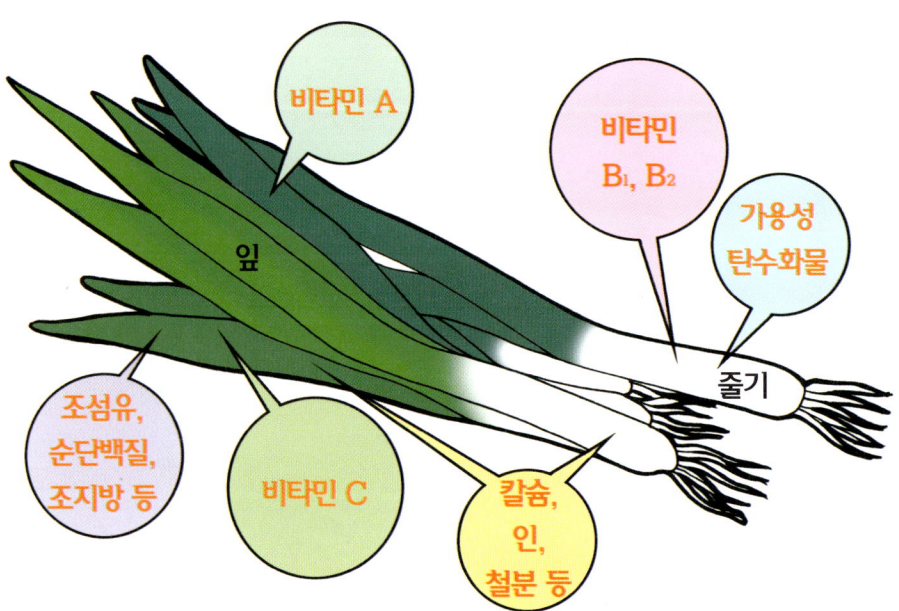

파는 독특한 향기와 살균력을 가지고 있어, 옛날부터 양념이나 약으로 이용되어 왔어요. 각종 비타민과 무기 염류가 많이 들어 있는 채소입니다.

특히 파는 추위에 견디는 힘이 강해요. -4℃~-5℃로 떨어져도 얼지 않을 뿐만 아니라, 조금씩 자라기도 한대요. 아주 추울 때에도 잎은 얼어도 뿌리가 그대로 살아 있기 때문에, 이듬해 봄에 다시 움터 나오는 끈질긴 생명력을 가지고 있습니다.

파 잎을 보면 원통형으로 속이 비어 있고, 표면은 반질반질하게 윤기나 있는데 이것이 바로 가뭄이나 추위 같은 나쁜 조건을 견뎌 낼 수 있는 보호 장치입니다.

독특한 냄새를 풍기는 것은 파 속에 들어 있는 알린이라는 성분 때문입니다. 파를 다지거나 빻으면 알린의 조직이 파괴되어 알리신이 됩니다. 알리신은 부패균이나 병원균에 대해 강한 살균력을 갖고 있어서 옛날에는 마늘처럼 위장을 튼튼하게 하고 장내를 청소해 주는 약제로 사용하기도 했답니다.

또 기침을 멈추게 하고 가래를 삭여 주는 감기약, 오줌을 잘 나오게 하는 이뇨제로 사용되어 왔을 뿐만 아니라, 옛날에는 귀신이나 악령을 쫓아 내는 신비로운 약재로도 쓰였습니다.

파 속에는 비타민 A, B, C 등이 듬뿍 들어 있고, 탄수화물이나 칼슘, 철분 등이 다른 채소보다 월등히 많이 들어 있습니다. 그래서 건강을 북돋워 주고 어린이들이 튼튼하고 씩씩하게 자라는 데 아주 좋아요.

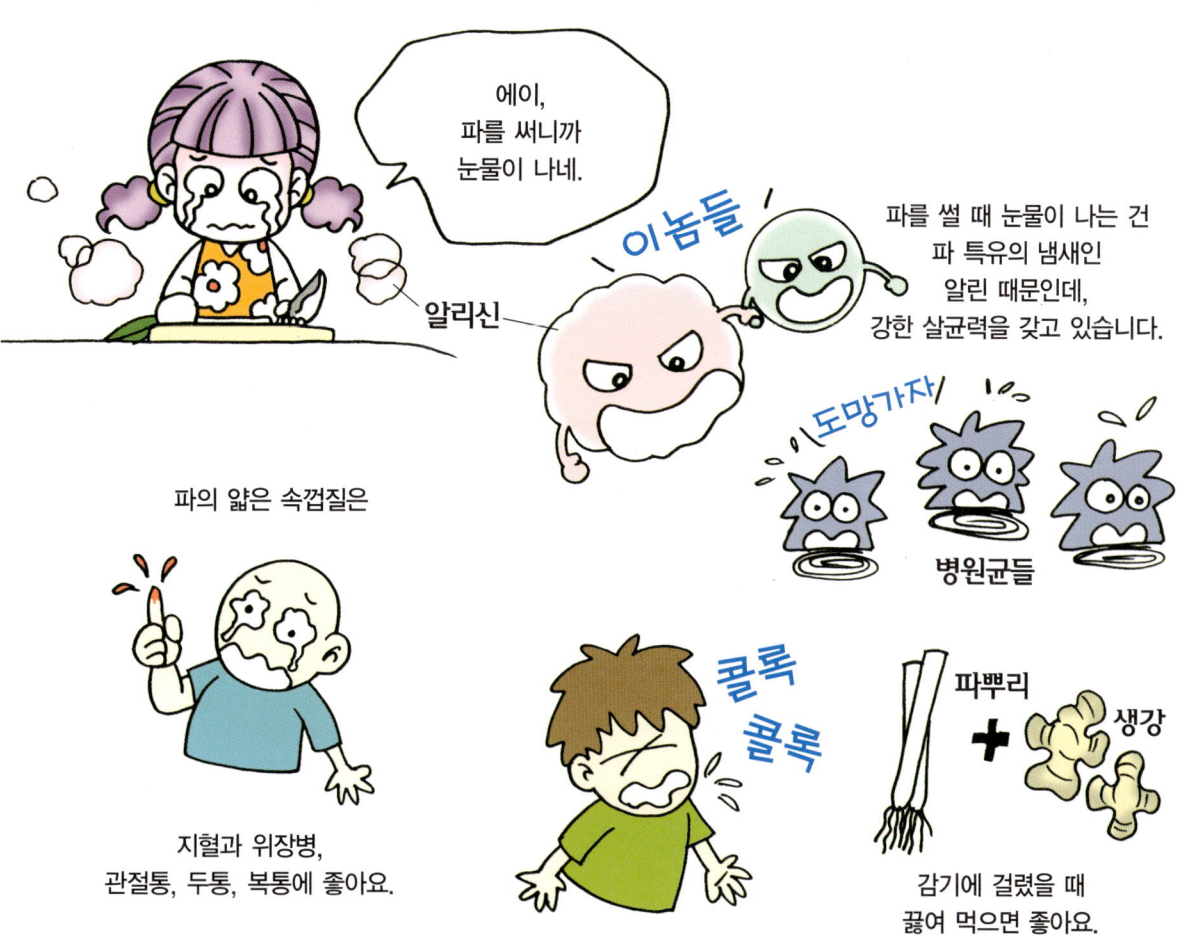

오이가 물로 되어 있다고요?

오이는 95% 이상이 수분이고, 칼륨과 인, 그리고 철분 같은 무기 염류가 들어 있습니다.

오이는 특히 칼륨 함양이 높은 알칼리 식품이에요. 그래서 장기 복용하면 골다공증을 예방합니다.

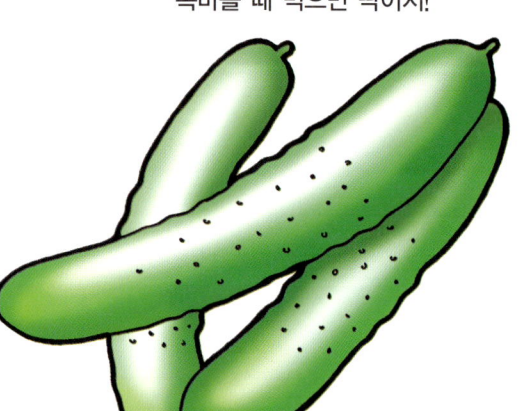

목마를 때 먹으면 딱이지!

오이에 포함되어 있는 칼륨은 몸의 균형을 바로잡아 주는 역할을 하며, 우리들의 몸 속에 필요 이상으로 쌓여 있는 소금기나 몸에 해로운 노폐물, 또 기름기들을 분해시켜 땀이나 배설물을 통해 몸 밖으로 몰아내는 역할을 합니다.

또 심한 운동으로 피로하고 갈증이 매우 심할 때에 오이를 먹으면 놀랍게도 갈증이 해소되며 원기를 회복할 수 있습니다.

보통 세포가 암세포로 자랄 때 세포 속에 있던 칼륨이 아주 많이 빠져 나갑니다. 그러므로 칼륨을 보충해 주면 암을 사전에 예방할 수 있지요. 오이를 먹음으로써 칼륨을 섭취할 수 있는 것입니다.

또 영양 과잉 상태에서 자주 나타나는 당뇨병, 고혈압 같은 성인병을 예방해 주는 데도 아주 좋은 효과를 나타내고 있습니다.

오이는 열을 가라앉히고 염증을 진정시키기 때문에 피부 마사지용으로 많이 사용되고 있습니다.

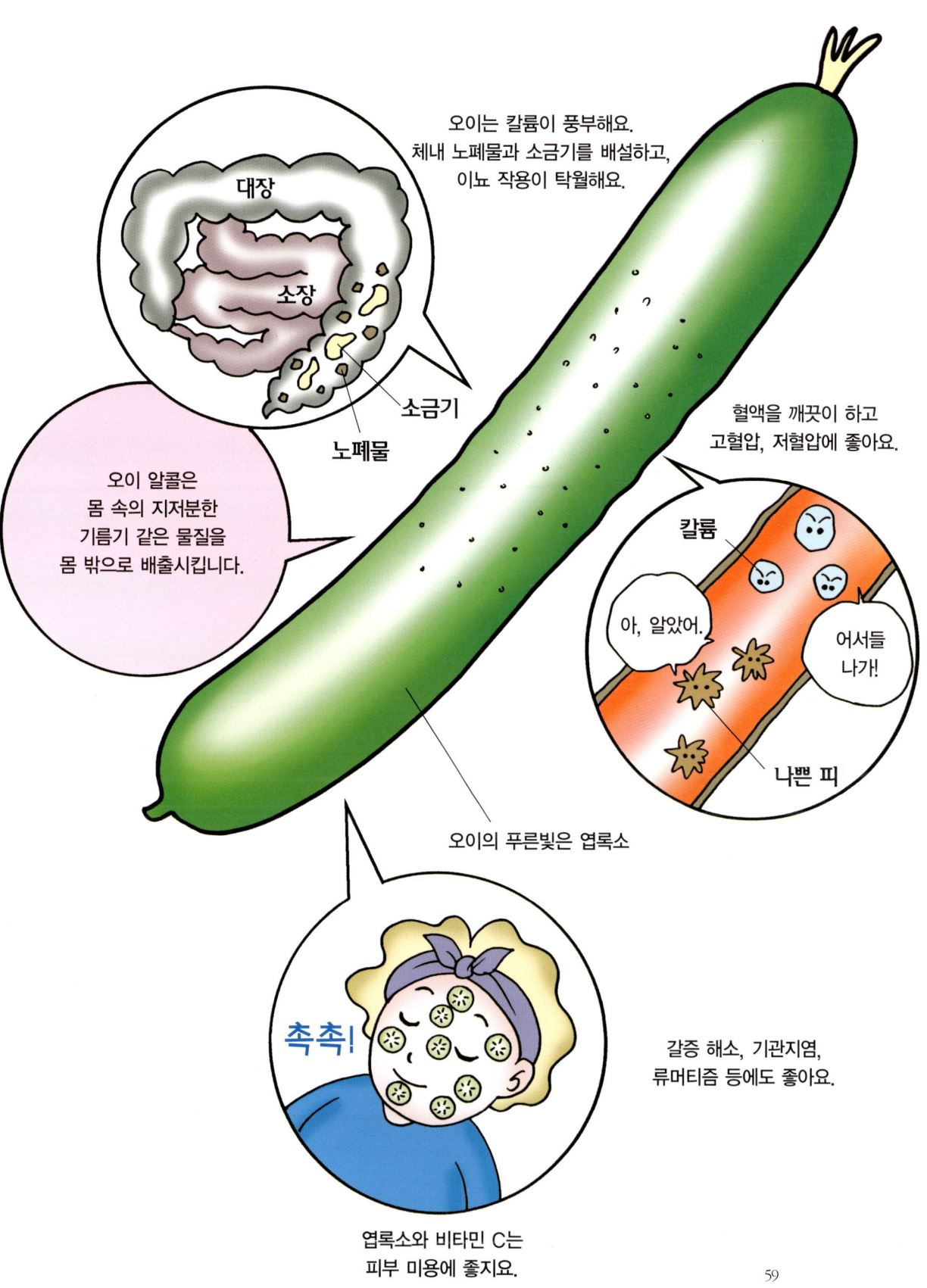

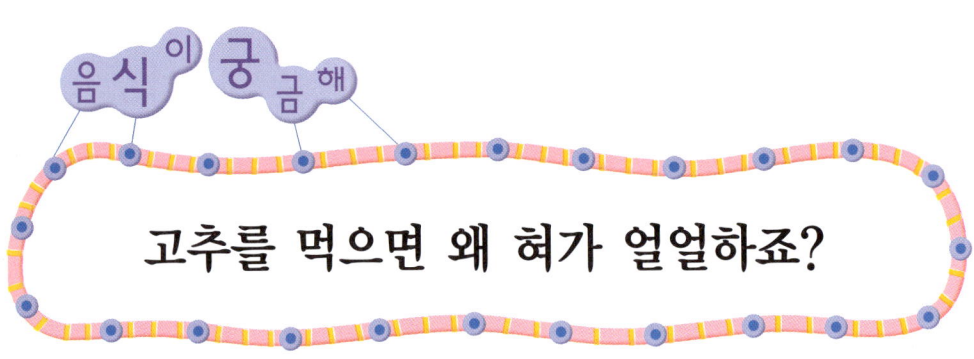

고추를 먹으면 왜 혀가 얼얼하죠?

고추 특유의 매운맛은 고추 속에 들어 있는 '캅사이신'이라는 물질 때문입니다. 캅사이신은 항균 효과와 항암 기능도 강합니다.

고추의 매운 성분은 지용성이기 때문에 물을 마셔도 얼얼한 기운이 가시지 않아요. 그럴 때는 밥이나 빵을 먹든가, 우유를 먹는 게 좋다고 합니다.

붉은 고추에는 비타민이 특히 많이 들어 있으므로 겨울철 감기를 예방할 수 있습니다. 그러나 위장을 약하게 만들 수도 있어요.

고추는 비타민 A가 풍부하고, 비타민 C도 많이 함유하고 있습니다. 특히 비타민 B_2가 상당히 많이 들어 있으므로, 고추가 많이 든 음식을 먹게 되면 건강하게 겨울을 지낼 수 있습니다.

또 고추는 향신료로서의 기능도 강해 밥맛이 없어 밥을 잘 먹지 못할 때 고추를 한 개 정도만 먹게 되면 위산 분비가 촉진되고 혈액 순환도 활발하여 음식을 제대로 먹게 됩니다.

　푸른 고추를 소금물이나 약한 식초에 2~3시간 동안 담가 놓으면 매운맛이 빠져요. 이 때 조리하면 어린이도 잘 먹을 수 있습니다. 또한 우리 몸에 좋은 캅사이신의 양은 변하지 않습니다.

　빨간 고추는 감기에 걸려 목이 아프거나 두통이 심할 때 먹으면 효력이 있으며, 또 혈액 응고를 막고 콜레스테롤 수치를 낮추며, 저혈압에도 좋습니다.

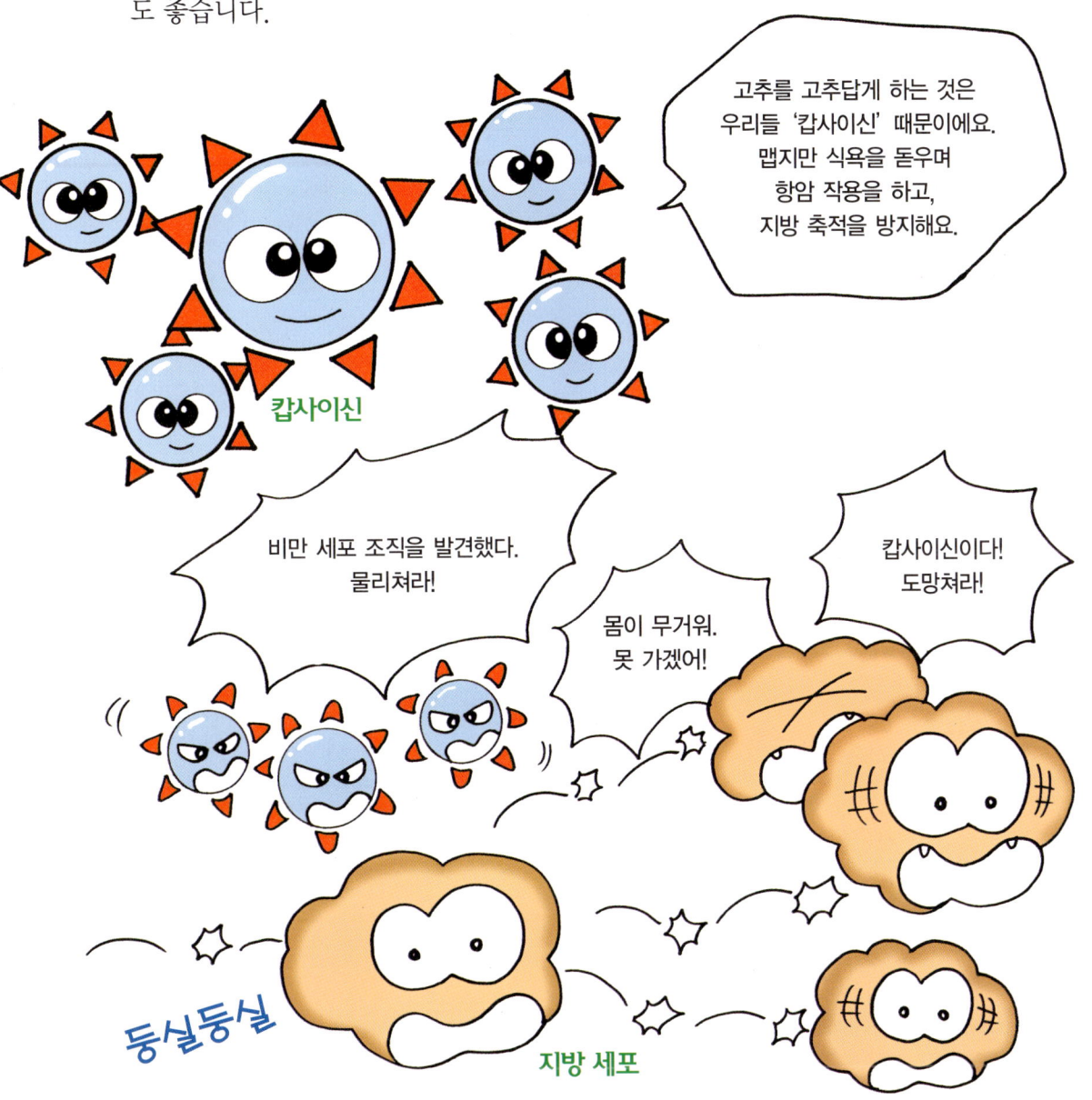

음식이 궁금해

당근은 어떻게 먹는 게 좋을까요?

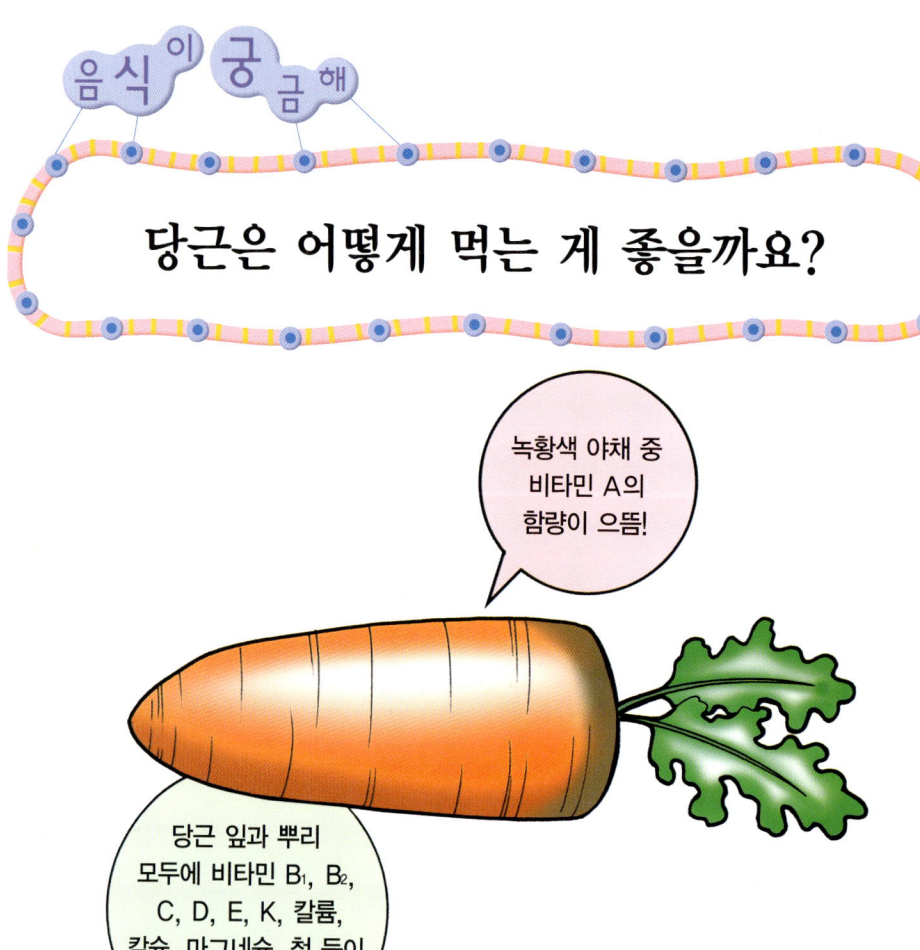

녹황색 야채 중 비타민 A의 함량이 으뜸!

당근 잎과 뿌리 모두에 비타민 B_1, B_2, C, D, E, K, 칼륨, 칼슘, 마그네슘, 철 등이 다량 함유되어 있어요.

    당근이 붉게 보이는 까닭은 당근 속에 들어 있는 '베타카로틴'이라는 물질 때문이에요. 이 베타카로틴은 몸 안의 여러 산화 물질을 중화하는 강력한 능력을 갖고 있어요. 그래서 당근을 생즙으로 장기 복용하면 세포 활성을 통한 노화 억제와 강력한 발암 억제 효과를 얻을 수 있으며, 피부의 노화를 예방하는 데 매우 좋은 역할을 합니다.

    이 밖에도 비타민 B와 비타민 C, 철분과 칼슘, 인 같은 물질이 듬뿍 들어 있으며, 성장기에 있는 어린이들이 자라는 데 꼭 필요한 무기 염류가 충분하게 들어 있습니다.

    또한 당근에는 사탕무처럼 질 좋은 당분이 많이 있어 피곤한 사람들이 섭취하게 되면 피로가 빨리 회복돼요. 또 기미가 있고 거칠어진 피부를 부드럽고 깨끗하게 해 주며, 혈색도 좋아지기 때문에 여성들의 건강 미용식으로도 손꼽히는 채소입니다.

특히 무처럼 소화 작용을 돕고 장의 활동을 활발히 해서 변비를 막아 주며, 피가 모자라 항상 창백한 얼굴을 하고 있는 사람들에게는 더없이 좋은 건강 활력 식품이기도 합니다.

빈혈로 고생하는 사람은 생당근을 갈아서 계속 먹으면 대단히 효과가 좋고, 당근 씨도 신장병에 효과가 있다고 해요. 또한 이뇨 작용도 하여 몸이 붓는 것을 막아 줍니다.

당근은 기름에 살짝 볶아 먹으면, 비타민 A의 섭취율을 최대화시킬 수 있답니다.

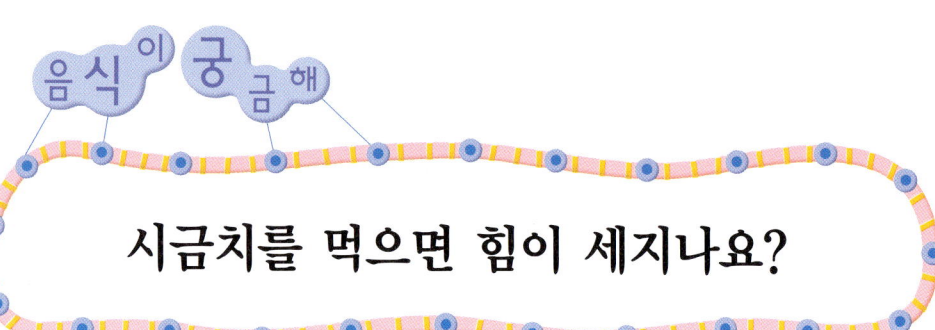

시금치를 먹으면 힘이 세지나요?

시금치는 발육기의 어린이는 물론
임산부에게도 좋은 알칼리성 식품이에요.

시금치는 비타민 A, B, C를 많이 함유하고 있어서 비타민의 보물 단지라고 불립니다.

뿐만 아니라 어린이들이 자라는 데 꼭 필요한 철분이나 무기 염류, 미네랄 등 많은 종류의 영양소들이 풍부하게 들어 있습니다.

고기나 술 같은 산성 식품을 많이 드시는 어른들의 경우에도 알칼리성 식품인 시금치가 대단히 좋습니다. 성인병은 모두 몸이 산성화되었기 때문에 생기는 병이기 때문에 시금치는 이렇게 산성화된 몸을 다시 알칼리화시켜 줍니다.

또 몸이 허약한 어린이들이나 병에 시달리는 환자들, 그리고 아기를 가진 어머니들에게도 적극 권장하는 좋은 식품입니다.

시금치는 -5℃에서도 얼지 않고 조금씩 자라며, -10℃까지 내려가도 견딜 수 있습니다. 그래서 겨울철 푸른 채소가 부족할 때 시금치가 더욱 인기랍니다.

또 시금치는 알칼리성 식품이기 때문에 산성 땅을 아주 싫어합니다. 햇빛이 강렬하게 내려쬐는 한여름 양지바른 곳보다는 반그늘진 곳과 항상 물기가 촉촉이 배어 있는 곳이 시금치가 잘 자라는 장소입니다.

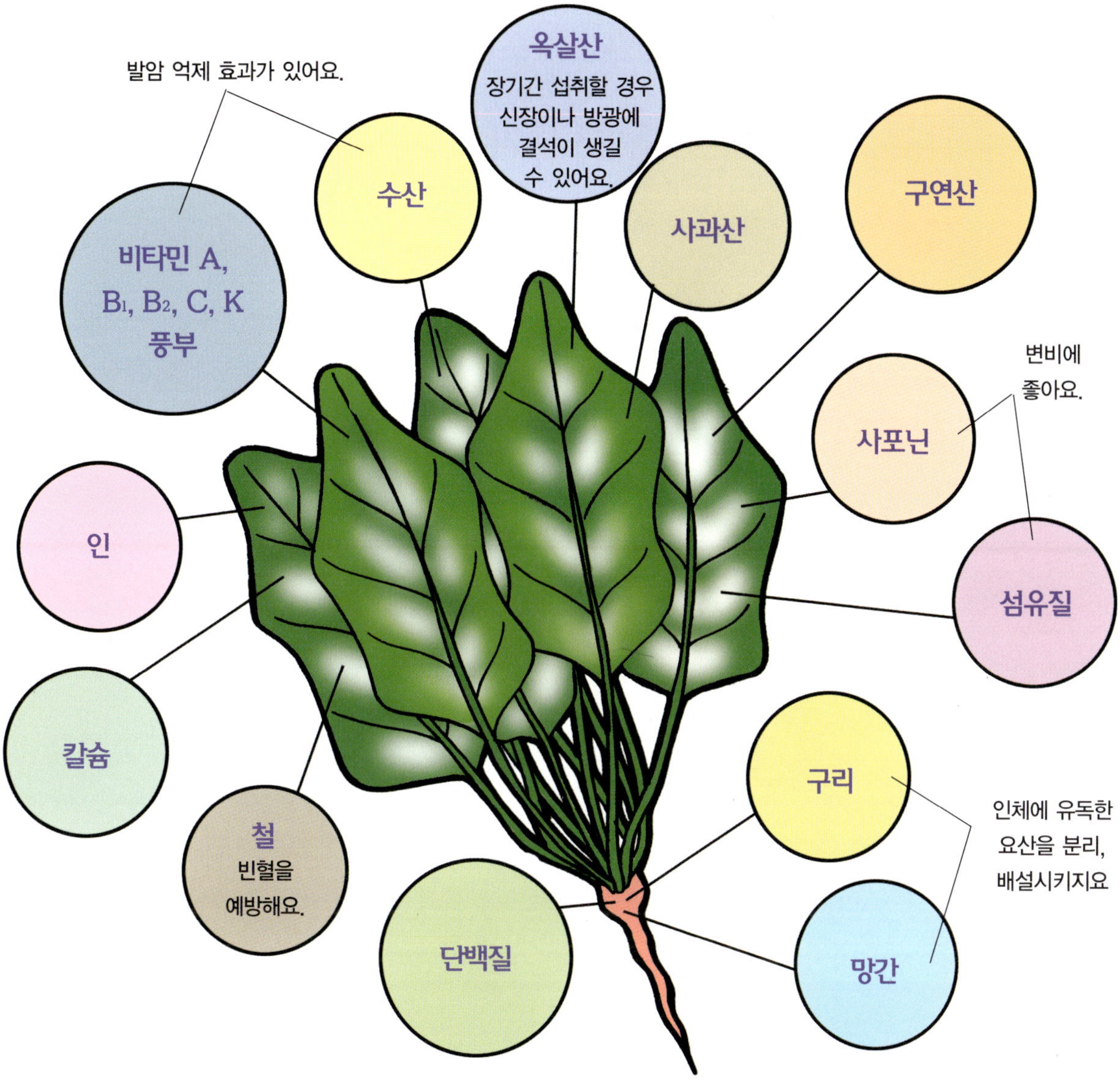

발암 억제 효과가 있어요.

옥살산 장기간 섭취할 경우 신장이나 방광에 결석이 생길 수 있어요.

수산

사과산

구연산

비타민 A, B₁, B₂, C, K 풍부

변비에 좋아요.

사포닌

인

섬유질

칼슘

철 빈혈을 예방해요.

구리

인체에 유독한 요산을 분리, 배설시키지요

단백질

망간

시금치는 <u>간</u> 의 영양을 주며 <u>눈</u> 의 기능을 회복시키는 효과가 있답니다.

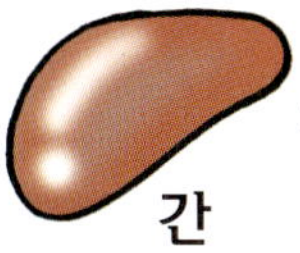

1. 혈액을 공급해 줘요.
2. 내장이 단단해지며 완전해지지요.
3. 안구 건조증을 치료하고, 눈의 근육을 강하게 합니다.
4. 지혈 작용이 있어요.

딸꾹 딸꾹

술에 의해 코끝이 빨개지는 증세에도 좋아요.

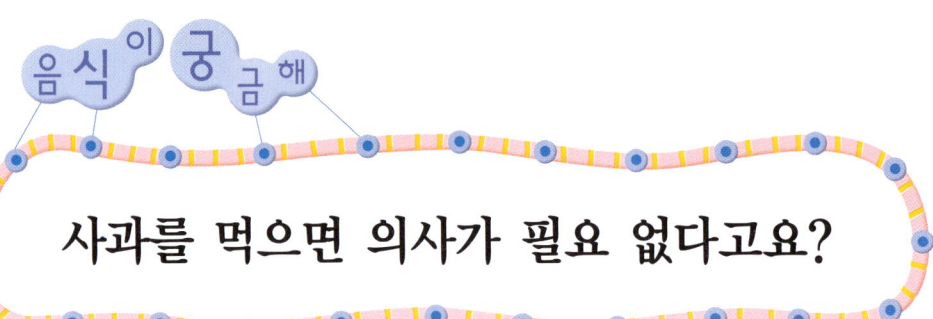

사과를 먹으면 의사가 필요 없다고요?

사과는 알맞게 달면서도 고유의 향기가 있어 식욕을 북돋워 주는 과일이에요.

사과 속에 들어 있는 당분은 질이 아주 좋은 과당과 포도당이라 우리 몸에 흡수가 아주 잘 됩니다.

또 새콤한 맛을 내는 구연산은 피로를 느끼게 하는 노폐물이나 몸 안에 쌓여 있는 찌꺼기를 모두 분해시켜 몸 밖으로 내보내는 역할을 하죠.

뿐만 아니라 사과 속에 들어 있는 섬유질과 탄수화물의 일종인 펙틴은 소화 흡수를 돕기 때문에 위장이 약한 사람이나 어린이, 노인들에게 아주 좋습니다.

사과의 고유한 향기와 새콤한 맛은 산성화된 체질을 알칼리성으로 돌아오게 하는 성질이 있다고 알려져 있습니다. 사과는 통풍, 간장병, 신경 과민, 당뇨병, 변비, 비만 등에도 효과가 있습니다.

아침에 사과를 먹으면 위장의 소화 흡수 기능을 도와 주기 때문에 몸과 마음을 상쾌하게 해 줍니다.

이 밖에도 사과는 심장을 튼튼하게 만들어 주고, 혈압을 안정시켜 주고, 체중을 적당히 조절해 주며, 암을 예방하기도 합니다.

최근 프랑스 학자들의 연구에 의하면 사과를 먹으면 혈중 콜레스테롤 수치가 낮아진다고 해요. 또 미국의 과학자들은 사과 냄새만 맡아도 혈압이 내려간다는 사실을 알아 냈다고 합니다.

사과를 많이 먹으면 이만큼 건강해지는 거예요.

식이 섬유가 풍부한 사과는 장 청소부예요.

장 찌꺼기 — 노폐물을 배출하지요.

섬유질 — 소화 흡수를 도와 장을 깨끗이 해 줘요.

펙틴 — 진통 효과가 높고 복통이나 설사 때 정장제 역할을 해요. 그래서 사과는 껍질째 먹는 것이 좋답니다.

칼륨 — 체내에 쌓인 염분을 배출하고, 근육을 만드므로 발육기의 어린이에게 좋아요.

껍질

헤모글로빈 — 혈액 순환을 높여 사과같이 혈색 좋은 뺨을 만든다.

비타민 A, C — 비타민 C는 열에 강한 특성이 있어 감기 예방에 좋아요.

67

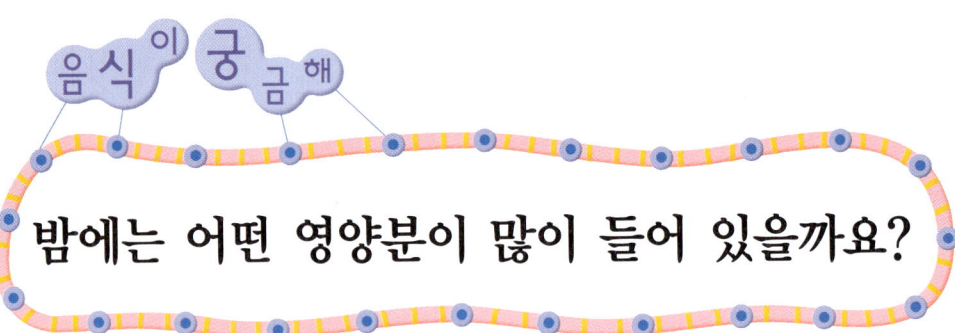

밤에는 어떤 영양분이 많이 들어 있을까요?

껍질에는 타닌과 효소가 있어요.

과실에는 전분, 탄수화물, 단백질, 지방, 비타민 등이 많지요.

밤 속에는 질이 아주 좋은 당분과 녹말과 단백질이 많이 들어 있습니다. 또 쌀의 약 4배나 되는 비타민 B와 C를 포함해, 칼륨, 철, 칼슘 등이 많이 들어 있어서, 특히 어린이들이 건강하고 튼튼하게 자라는 데 필요한 영양분을 골고루 갖추고 있습니다.

특히 밤 속에 들어 있는 비타민 C는 피부를 탄력 있게 해 주고, 피로 회복과 감기 예방에도 탁월하며, 술을 빨리 소화시켜 간장을 보호해 주는 역할을 해요.

밤의 노란색을 내는 색소 카로티노이드가 체내에서 흡수되면 비타민 A로 바뀌어 건강에 도움을 줍니다.

밤 속에 들어 있는 녹말은 소화가 아주 잘 되기 때문에 소화 기능이 약한 노인이나 허약한 어린이, 또는 병을 앓고 난 후의 회복에 영양죽으로 대단히 좋아요.

또한 밤 속 껍질에는 떫은 맛이 나는 타닌산이 들어 있습니다. 이것은 중금속에 오염된 공해 물질을 우리 몸에서 밖으로 쫓아 내는 역할을 하기 때문에 끓여서 그 물을 마시면 건강에 아주 좋다고 합니다.

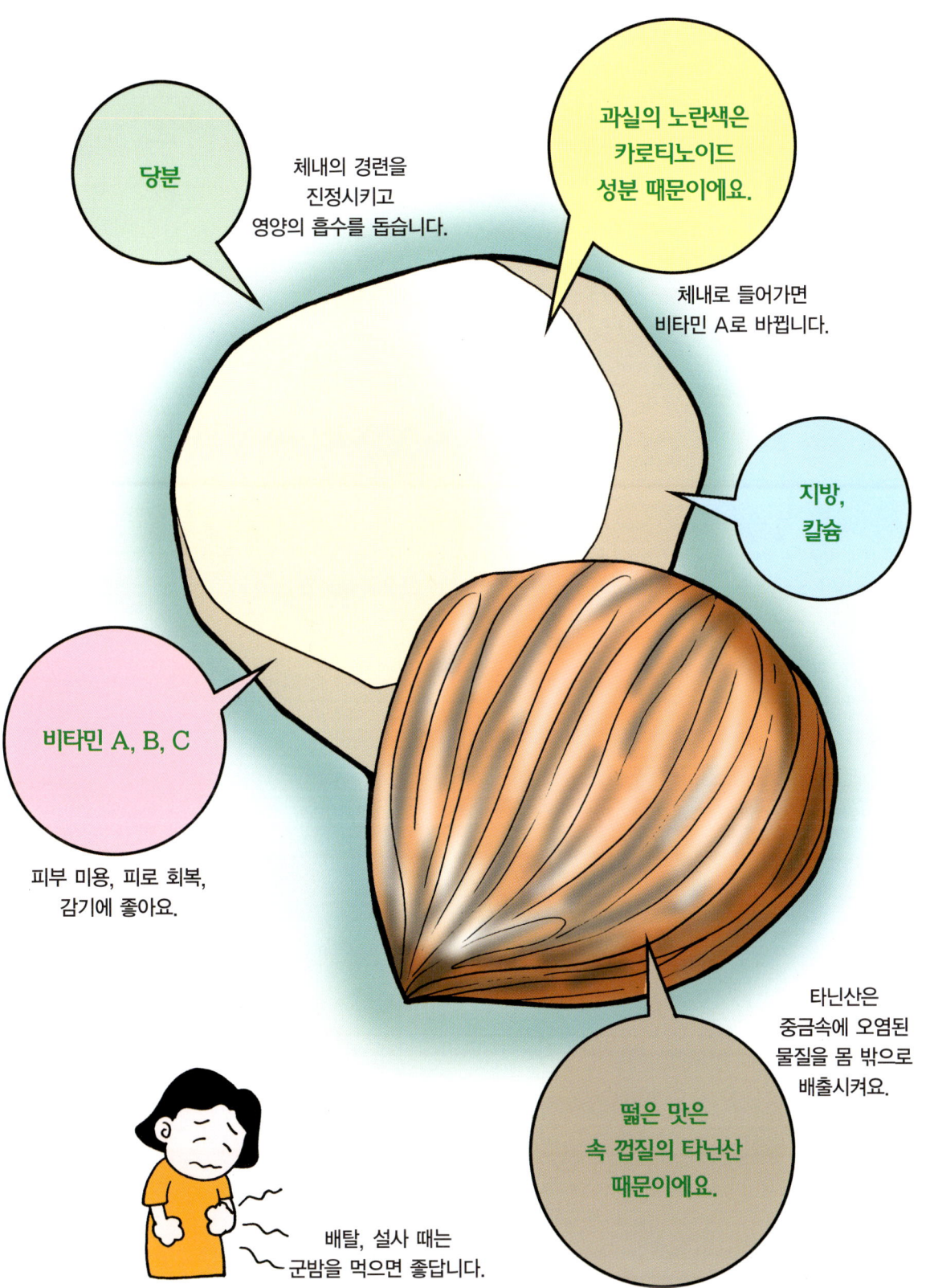

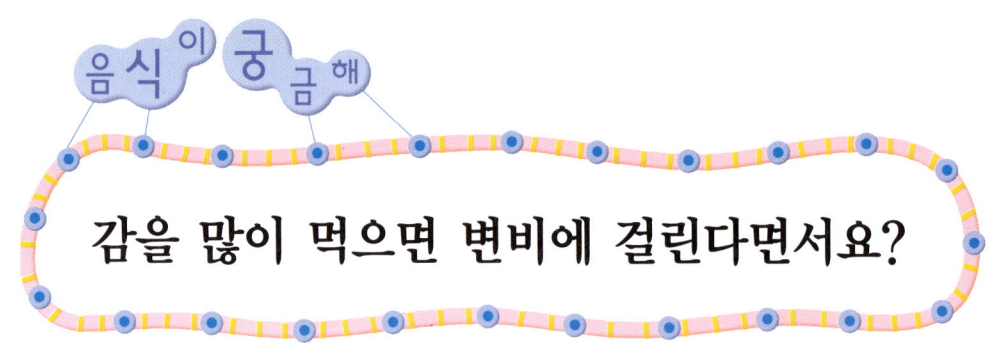

감을 많이 먹으면 변비에 걸린다면서요?

감의 주성분은 당질이고 비타민 A, B, C가 풍부합니다.
감에는 섬유소 함량이 많아 육식으로 인한 질병을 예방합니다.
숙취 제거와 항암 효과도 있습니다.

감은 탄수화물이 많아 과일 중에서 가장 칼로리가 높아요. 비타민 A와 C, 철분, 칼슘 등 무기 염류도 많이 들어 있어 연약한 환자나 노인, 그리고 한창 자라는 어린이들에게 아주 좋은 건강 과일입니다.

감은 설사나 배탈에 민간 요법으로 오랫동안 이용되어 왔는데, 감 속에 들어 있는 타닌이 내장의 세포벽을 수축시켜 설사를 멈추게 해 주기 때문입니다. 하지만 많이 먹으면 변비에 걸릴 위험이 있습니다.

타닌은 감의 떫은 맛을 내는 성분이기도 해요. 하지만 익으면서 점차 사라진답니다. 감은 술을 빨리 깨게 하는 작용도 하는데 이는 감 속에 들어 있는 비타민들이 몸 속의 알코올을 빠르게 분해시켜 주기 때문입니다. 또 감은 지혈 작용과 기관지염, 고혈압 등에도 좋습니다.

떫은 생감을 미리 따서 따뜻한 소금물에 하루쯤 담가 두거나, 알코올이나 이산화탄소로 화학 처리를 하면 떫은 맛이 깨끗이 없어집니다.

곶감에 있는 하얀 가루는 감에 있는 포도당이 마르면서 생긴 것인데, 흰 가루가 많은 것이 좋은 곶감입니다.

감잎은 감보다 비타민 C가 훨씬 많다고 합니다. 감잎은 이뇨제로 쓰이며, 소화기 계통의 만성 질환에도 효과가 있습니다.

두꺼운 감잎을 골라 따서, 60~80℃의 물에 3분 간 데친 후, 그늘에 말려 빻으면 감잎차가 됩니다. 감잎의 타닌 성분은 몸 속의 노폐물과 기름 찌꺼기를 걸러 내는 효과가 있어요. 그래서 감잎차가 당뇨병이나 고혈압 같은 성인병 치료에 좋은 효과가 있는 거예요.

대추를 보고 안 먹으면 늙는다고요?

옛말에 '대추 보고 안 먹으면 늙는다.'는 말이 있는데, 그만큼 대추가 몸에 좋다는 말입니다.

대추에는 우리 몸에 꼭 필요한 철분과 칼슘 성분이 많이 들어 있어요.

뿐만 아니라 우리 몸을 따뜻하게 해 주는 한편 원기를 북돋워 주고 피로를 풀어 주는 독특한 성분이 많이 들어 있습니다.

이 밖에도 인이나 철과 같은 무기 염류가 풍부할 뿐만 아니라 비타민류 또한 다양하게 많이 들어 있고, 단백질, 지방, 탄수화물이 들어 있습니다.

특히 비타민 A와 C, 니아신이 어떤 과일보다 많이 들어 있어서 독특한 약효를 나타내는 것으로 알려져 있습니다.

또 다른 과일에 비해 섬유소가 많고 부드러워서 위와 장을 자극하지 않으므로, 위궤양이 있는 사람에게도 좋습니다.

보약을 달일 때 반드시 대추를 넣어 달이도록 하는 것은 대추에는 다른 약의 독성을 없애면서 약효를 잘 우려내게 하는 효과가 있기 때문입니다.

한약을 달일 때 대추를 같이 넣으면 다른 약재의 독성을 없애 줍니다.

에잇! 빨리 꺼지라구!

아야야~

빵

독성 물질

대추의 여러 가지 성분

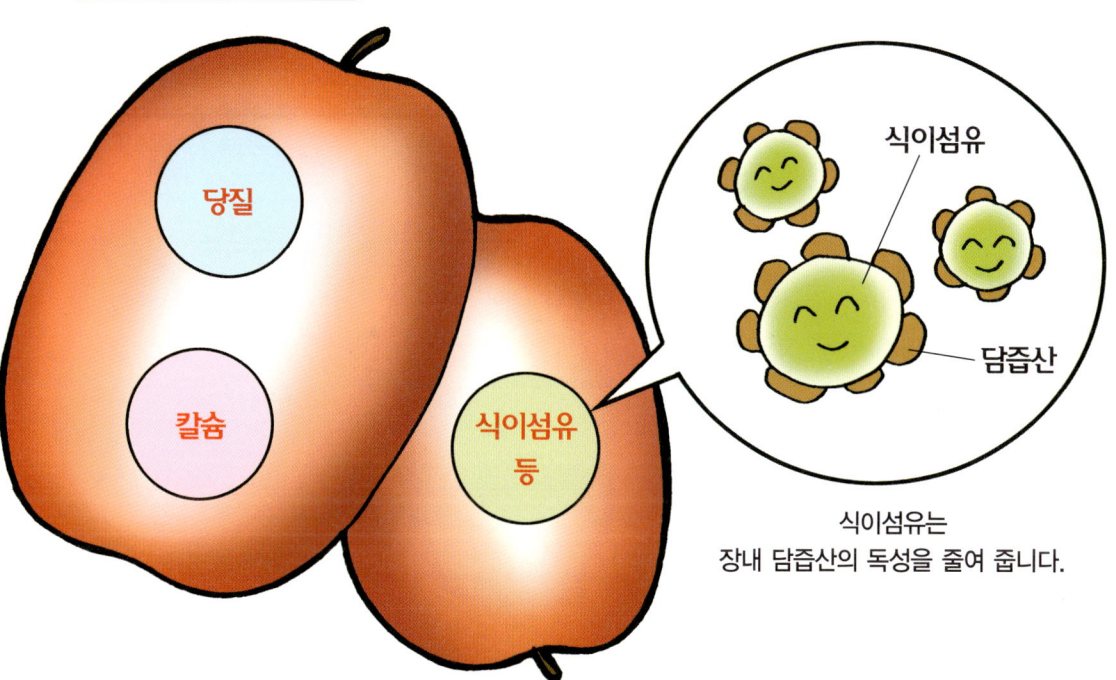

당질

칼슘

식이섬유 등

식이섬유

담즙산

식이섬유는 장내 담즙산의 독성을 줄여 줍니다.

양 마흔다섯 마리 양 마흔여섯 마리…

불면증에 좋고요,

마음을 안정시켜 주고,

부인병에 좋습니다. 그 외 노화 방지와 항암 효과가 있어요.

물을 많이 마시면 머리가 좋아진다고요?

물은 신진 대사에 없어서는 안 될 필수 요소입니다. 노인들이 가끔 어지럼증을 호소할 때도 수분 부족에 의한 탈수 현상일 때가 있습니다.

물은 두뇌 활동에도 필수적입니다. 바람직한 수분 섭취는 인지 능력을 높여 주는 데 중요한 역할을 하죠.

또 피 속에 독소가 있을 때 콩팥에서 독소를 많이 제거할 수 있도록 도와 주기 위해서는 물을 자주 먹는 것이 좋습니다.

갈증이 날 때 물을 마시는 건 이미 때가 늦은 거라고 합니다. 그 동안 T 임파구가 몸 속에서 많은 고생을 하고 노력을 한 후니까요.

물은 가능하면 식사 20~30분 전에 두 잔을 마시는 게 좋고, 식사 도중에 마시는 것은 좋지 않다고 해요.

몸 속의 단백질은 질소로 분해됩니다. 이 질소가 암모니아나 요소로 바뀌게 될 때 우리의 몸 속에서 여러 가지 해독 작용을 합니다. 그러므로 항상 물을 충분히 마셔 독을 몸 밖으로 신속하게 내보내 주는 것이 좋습니다.

하루에 여섯 잔은 기본!

우와! 벌써 머리가 좋아진 기분!

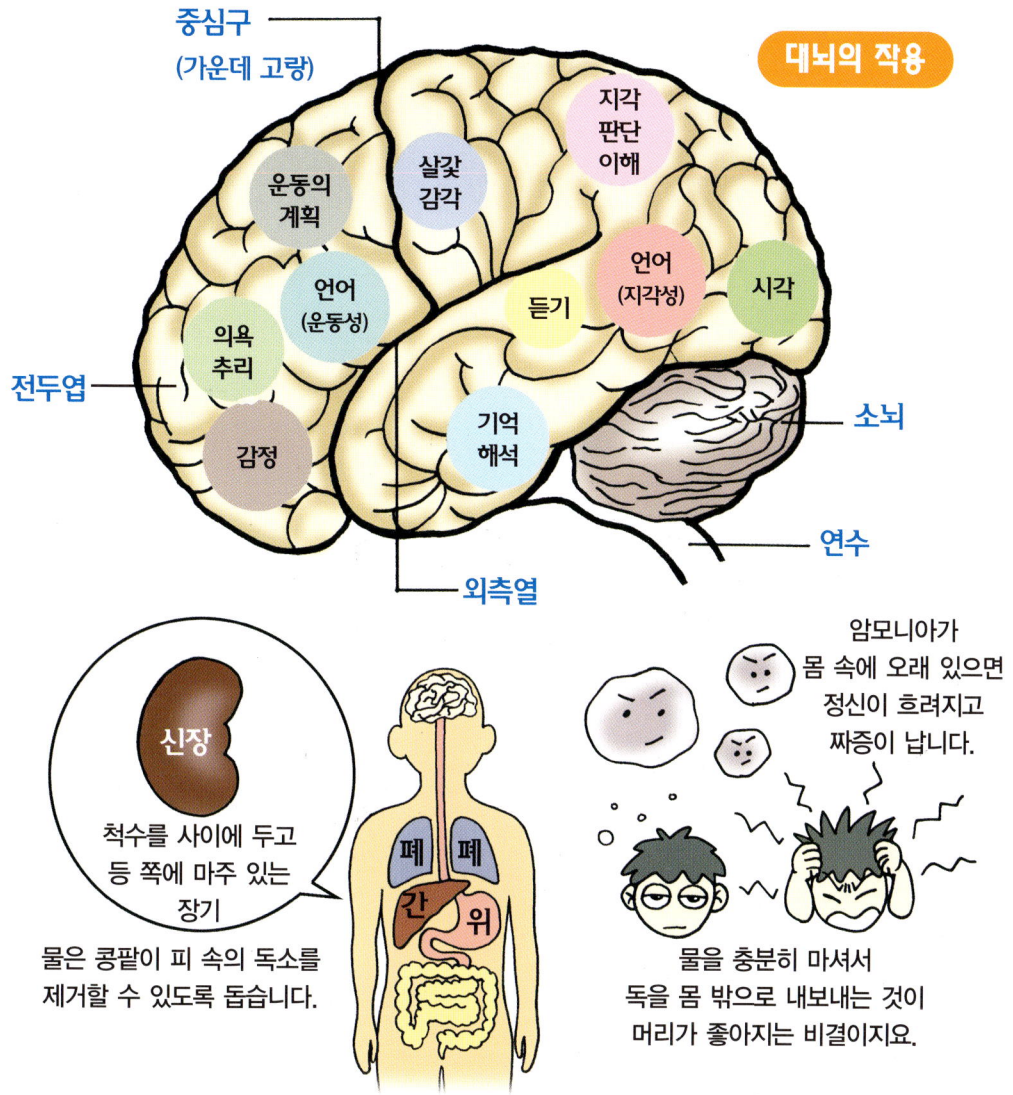

　암모니아가 몸 속에 오래 머물러 있게 되면 두뇌 활동이 흐려지고, 짜증이 나고, 아드레날린 같은 호르몬이 생산돼 혈압과 혈당이 올라가게 됩니다.

　소변의 양이 적고 노란빛을 띄는 것은 몸에 물이 필요하다는 경고에 해당됩니다.

　물은 하루에 여섯 잔쯤 마시는 것이 좋습니다.

　이와 같은 결과로 미루어 물을 많이 마시면 머리가 좋아진다는 사실을 아시겠죠?

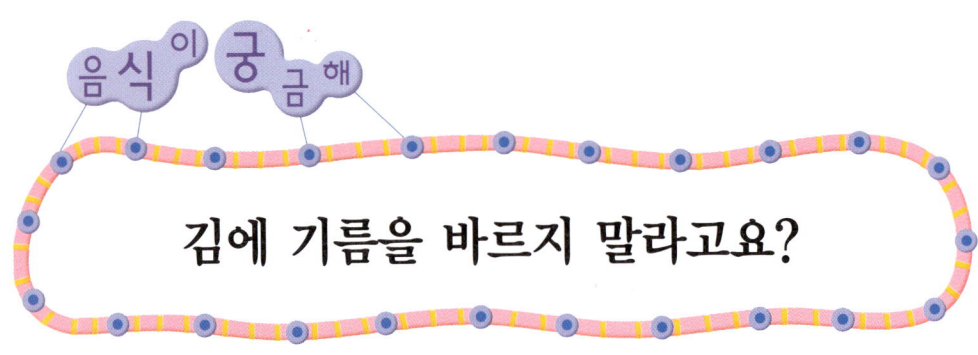

김은 해조류 중 홍조류에 속하며, 길이가 10~15cm 가량입니다. 바닷속 바위에 이끼처럼 붙어 있는 것을 채취해서 말린 것이죠.

김의 뿌리는 바위에 붙어서 파도에 떠다니지 못하게 하는 역할을 할 뿐입니다. 물이나 영양분을 흡수하지는 못하지요. 따라서 김은 줄기나 잎이 직접 영양분이나 물을 흡수하고, 태양 에너지를 이용하여 탄수화물을 만들어요. 하지만 육지 식물과 비교하면 그 양이 매우 적지요.

최근에 많은 학자들이 김의 우수한 성분에 대해 연구 결과를 발표했습니다.

김 한 장에는 달걀 세 개에 해당하는 영양분이 들어 있으며, 비타민은 소고기나 돼지고기보다 약 10배 가까이 들어 있다고 합니다. 또 칼슘은 소고기의 백 배나 들어 있다고 하니, 대단하지요?

해조류가 우리의 몸에 좋다는 것은 이미 널리 알려진 사실로 김을 비롯한 해조류는 알칼리성 식품입니다.

김을 잘 보관하려면 습기를 피해야 해요. 비닐 봉지에 넣어서 서늘한 곳에다 보관하면 변하지 않고 언제나 맛있게 먹을 수 있습니다.

그러나 김에 기름을 발라서 구워 둘 경우에는 과산화지질이라는 독성 물질이 생기게 되므로, 기름을 바르지 않고 기름 간장에 찍어 먹는 것이 좋습니다.

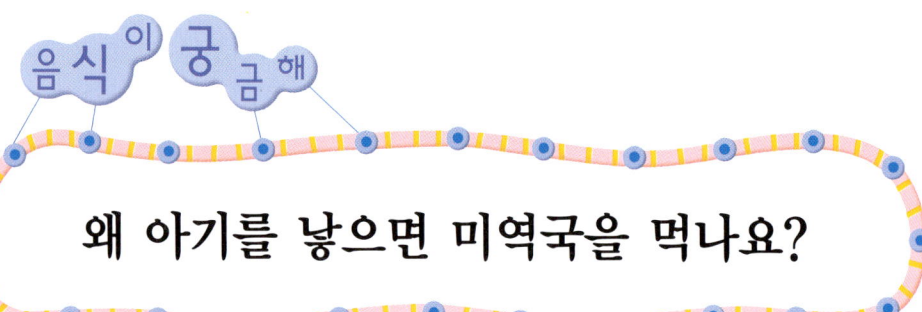

왜 아기를 낳으면 미역국을 먹나요?

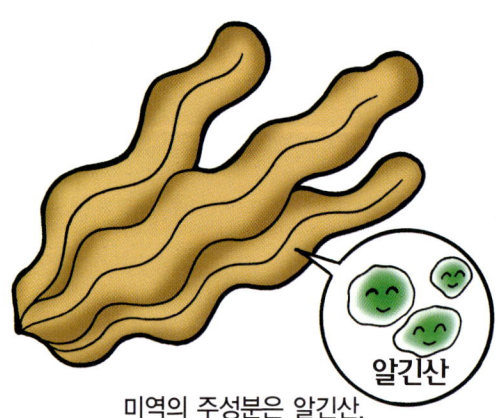

미역의 주성분은 알긴산.
알긴산이란 끈끈한 성질의
수용성 섬유질이랍니다.

미역에 들어 있는 요오드는 신진 대사를 원활히 해 줍니다. 또 알긴산은 피를 맑게 해 주고요.

또 미역국은 붓기를 빼 주고 피를 맑게 해 주기 때문에 아기를 낳은 산모들이 많이 먹습니다. 미역국을 많이 먹으면 산모의 젖양이 증가하기도 해요.

미역은 혈관 관련 질병인 동맥 경화, 고혈압, 심근 경색, 당뇨병, 뇌졸중의 예방과 치료에 아주 중요하게 쓰인다고 기록되어 있습니다.

미역은 필수 아미노산을 골고루 함유하고 있어 영양가가 매우 높습니다.

또한 미역의 중요한 역할 중의 하나는 다이어트 식품이라는 것입니다. 미역의 주성분인 알긴산이 우리 몸 속으로 들어오면 포만감을 주기 때문에 음식물을 많이 먹지 않게 되죠. 그래서 상대적으로 비만에 걸리지 않게 체중을 조절해 주는 거예요.

알긴산은 미끈미끈한 성질이라, 위장이나 창자의 운동을 촉진하는 역할을 하는 아주 고마운 성분입니다.

창자의 연동 운동이 활발하게 되면 음식물은 위에서 장으로, 다시 장에서 항문으로 원활히 이동할 수 있게 됩니다. 그러므로 미역을 자주 먹는 사람에게는 변비가 생기지 않게 되지요.

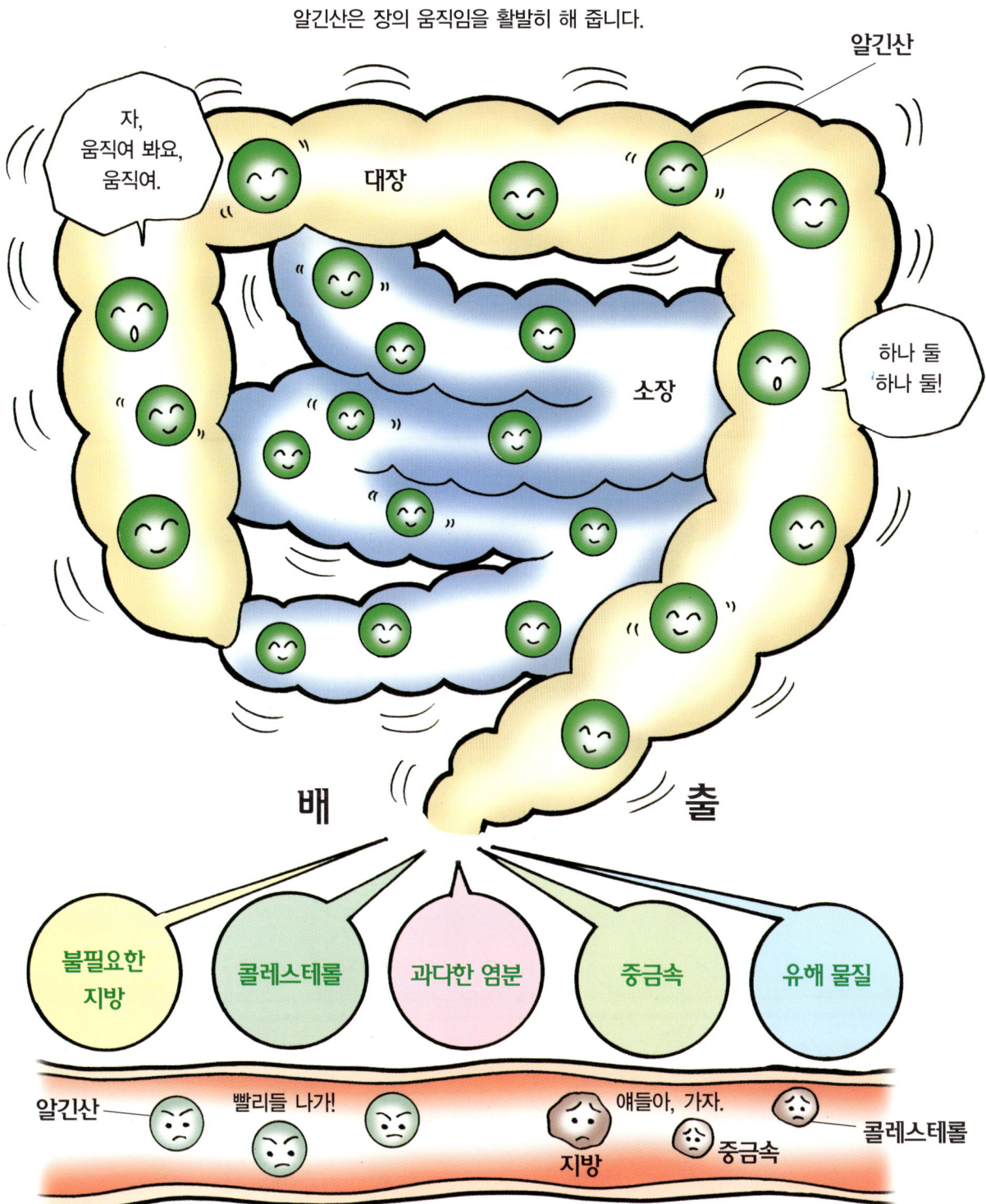

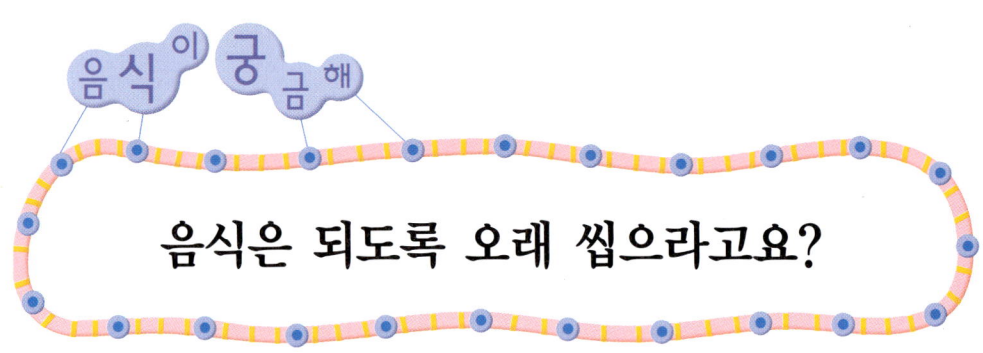

음식은 되도록 오래 씹으라고요?

음식물을 오래 씹는 것이 건강에 도움이 된다고 합니다.

음식물을 오래 씹거나 껌을 자주 씹는 사람은 치매 발생률이 다소 떨어진다는 연구 결과도 있지요.

씹는 행위는 노인뿐 아니라 아기들의 두뇌 발달에도 간접적으로 도움이 됩니다. 음식물을 씹는 동안에 일어나는 턱과 치아의 운동이 대뇌를 적절히 자극해 주기 때문이에요.

그러므로 부드러워서 별로 씹을 것이 없는 인스턴트 식품을 자주 먹는 것은 두뇌 활동이나 건강에 좋지 않습니다.

씹는 행위 자체가 긴장을 완화시켜 주기도 합니다. 운동 선수들이 자주 껌을 씹는 이유도 과도한 긴장을 누그러뜨리기 위한 것이지요.

씹는 행위는 이완을 담당하는 부교감 신경의 작용을 증가시켜 스트

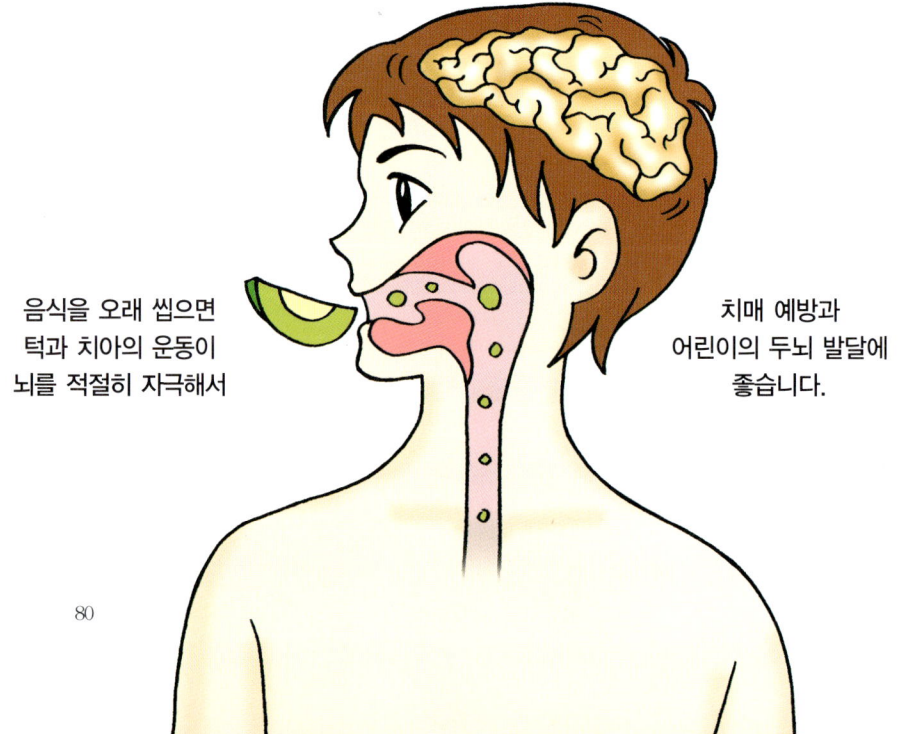

음식을 오래 씹으면 턱과 치아의 운동이 뇌를 적절히 자극해서

치매 예방과 어린이의 두뇌 발달에 좋습니다.

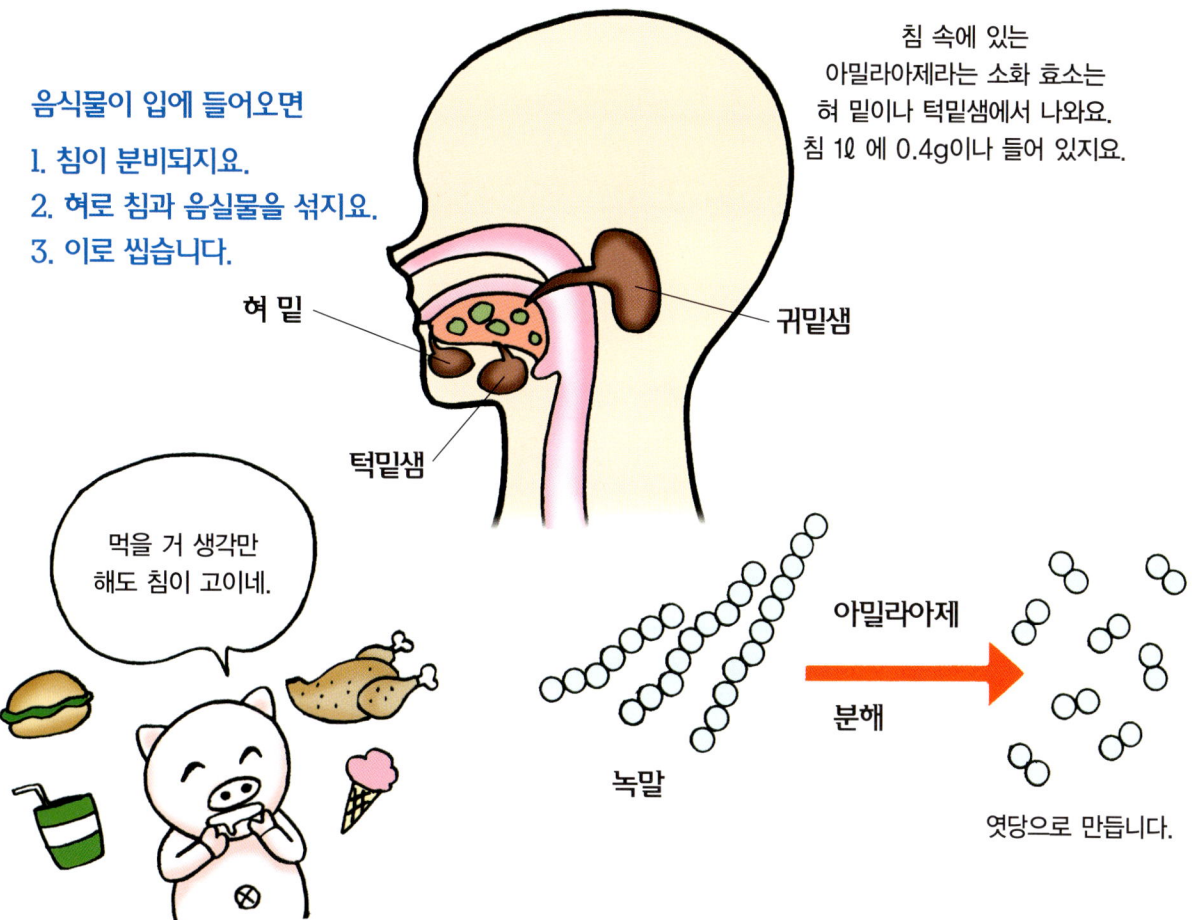

레스로부터 인체를 보호하는 역할을 하기도 해요.

음식물을 오래 씹게 되면 소화 효소가 담긴 침이 음식물에 골고루 섞이게 됩니다. 음식물이 부서져 위장 속에서 고루 분해되어, 잘 흡수되는 장점도 있어요.

특히 한국인의 소화 불량은 대부분 대충 씹고 삼키는 잘못된 습성에서 비롯되었다고 합니다. 탄수화물이 많은 한국인의 식단에서 침 속의 아밀라아제 등은 곡류를 소화시키는 데 매우 중요한 역할을 맡고 있기 때문에 오래 씹을수록 소화가 쉽습니다.

또한 음식물을 오래 씹게 되면 턱 관절의 장애를 예방할 수 있고, 씹는 동안 꾸준하게 뇌를 자극하게 되기 때문에 오랫동안 씹기를 권장합니다.

미나리가 다이어트 식품이라고요?

미나리는 물이 있는 곳이면 어디서나 잘 자라요. 밭이나 산에 있는 산미나리는 저의 사촌이에요.

미나리는 한방에서 수근이라 하여 약재로 사용합니다. 미나리의 맛은 달고 매우며 성질은 차다고 합니다. 또 혈을 보하고, 간의 열로 오는 현기증, 안면 홍조, 눈의 충혈을 개선하는 작용이 있다고 해요.

미나리는 열을 내리고 소변을 잘 보게 하는 효능이 있어서 더위 먹은 뒤 입이 많이 마른 경우나 황달, 부종 등의 병을 다스립니다. 하지만 성질이 차기 때문에, 소화 기능이 약하고 속이 찬 사람은 소량을 섭취해야 해요.

목이 아플 때 미나리 즙에 꿀을 넣어 진하게 달여 먹으면 좋고, 땀띠에는 즙을 바르면 효과가 있습니다. 또 어린이 체증, 구토, 설사에는 미나리 5~6개에 120㎖ 정도의 물을 부어 약한 불에 달여 먹이면 좋다고 합니다.

과음한 다음 날 숙취를 푸는 데는 미나리 생즙이 좋아요. 미나리의 차가운 성질이 술로 오른 열독을 풀어 주기 때문입니다.

또한 미나리는 기관지와 폐에 쌓인 노폐물을 걸러 주는 자정 작용을 해요. 그래서 매연이나 먼지가 많이 발생하는 곳에서 일하는 사람들에게 권장하는 식품입니다.

미나리 특유의 향은 피닌을 비롯한 특유의 정유 성분 때문이에요. 이것은 피를 맑게 해 주는 성질이 우수하다고 합니다. 또 섬유질이 많아 변비에도 좋고, 칼로리가 낮아 다이어트 식품으로도 좋답니다.

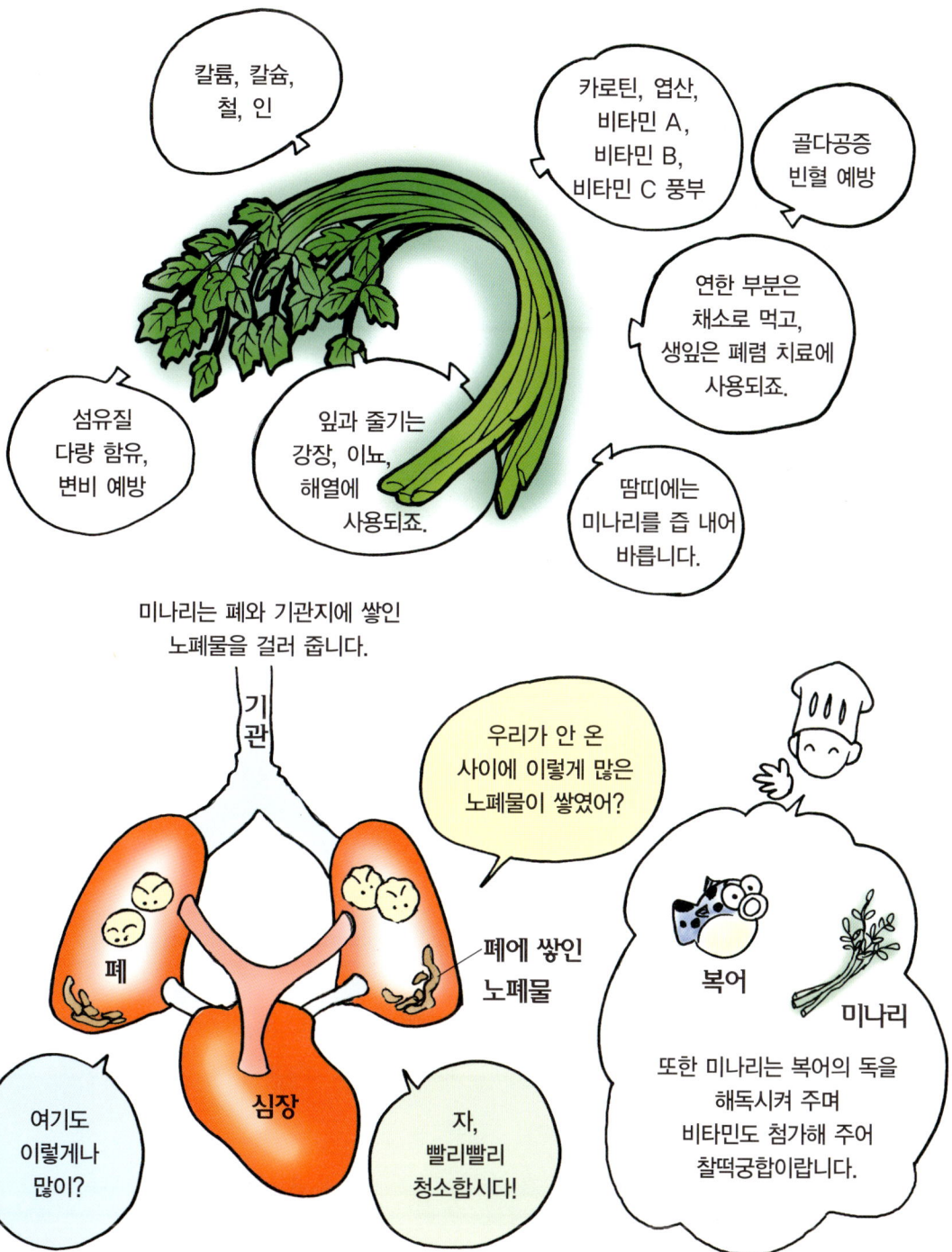

쑥을 먹으면 오줌이 잘 나온다고요?

쑥의 여러 가지 종류

쑥은 마늘과 더불어 단군 신화에 나올 만큼 역사가 오래 된 약초이자 인체에 매우 이로운 식품입니다.

쑥의 어린잎은 나물로 먹고, 자란 잎은 뜸쑥을 만들며, 다 자란 줄기와 잎은 약용, 흰 털은 인주를 만드는 데 쓰이죠.

쑥은 항암 작용을 하는 엽록소와 식물성 섬유, 양질의 미네랄, 그리고 다양하고 풍부한 비타민과 함께 칼슘 등을 포함하고 있습니다.

쑥은 지방간, 위장병, 변비, 신경통 등에 효과가 있습니다.

또 목이 마르고 조급하며, 늘 불안해하거나 소변이 잘 나오지 않을 때도 쑥을 먹으면 좋아요. 최근 보고에 따르면 쑥이 간의 해독과 알콜 분해에 뛰어나다고 합니다.

쑥을 이용한 음식 중 손쉽게 만들 수 있는 것으로 애탕국이 있습니다. 애탕국은 영양학적으로 훌륭한 음식으로, 키는 20㎝ 이하이며, 털이 거의 없고 섬유질이 많은 참쑥을 사용합니다.

쑥을 이용한 음식으로는 쑥밥, 쑥떡, 쑥된장국, 쑥생즙, 쑥차 등이 있습니다. 이 중에서 쑥밥은 위가 약한 사람에게 좋고, 쑥떡은 쌀에 부족한 영양 성분을 보충해 인체의 면역력을 높여 주고 소화를 도우며, 쑥 생즙은 식욕을 촉진시키고 소화에 특효가 있습니다.

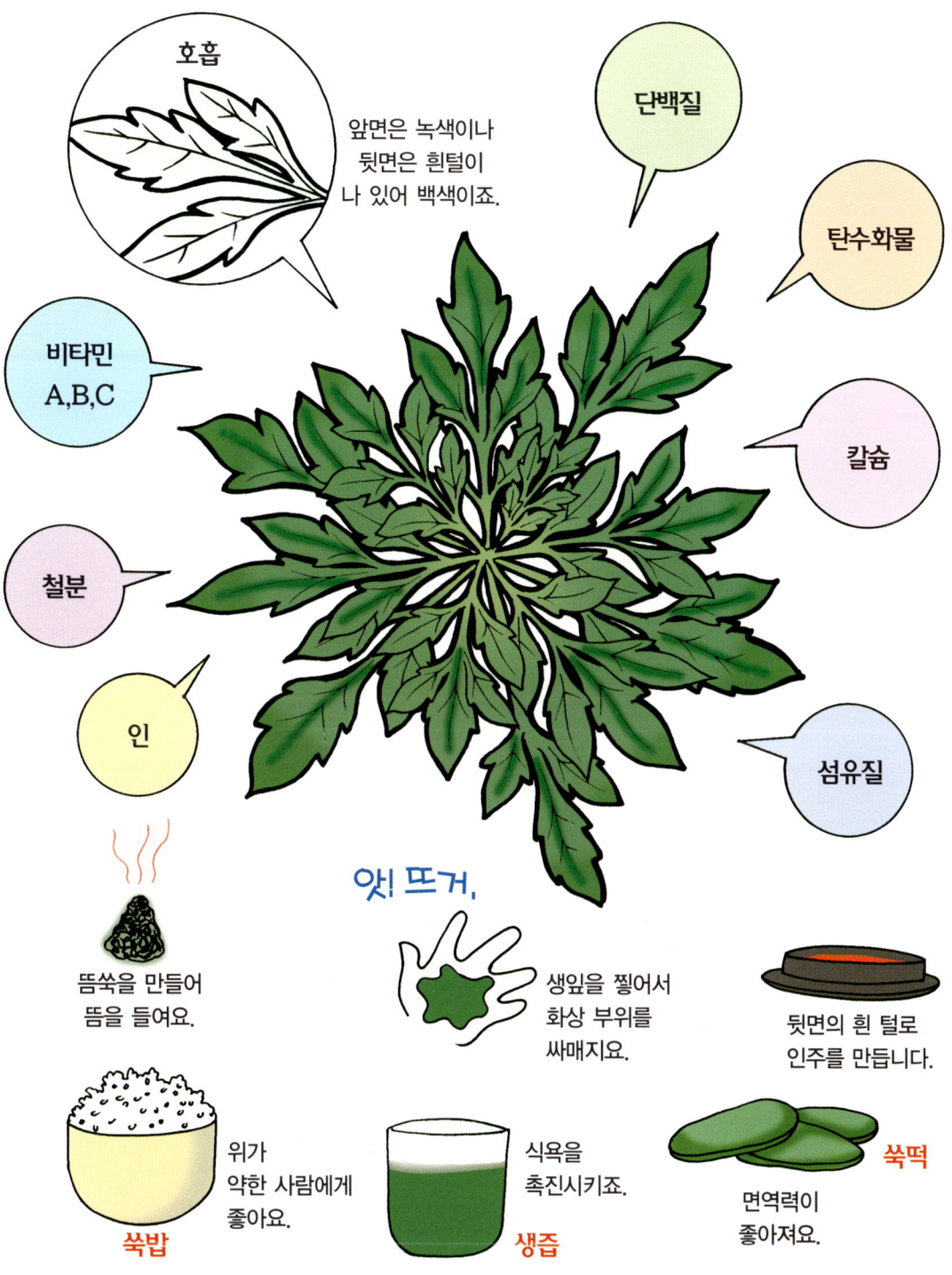

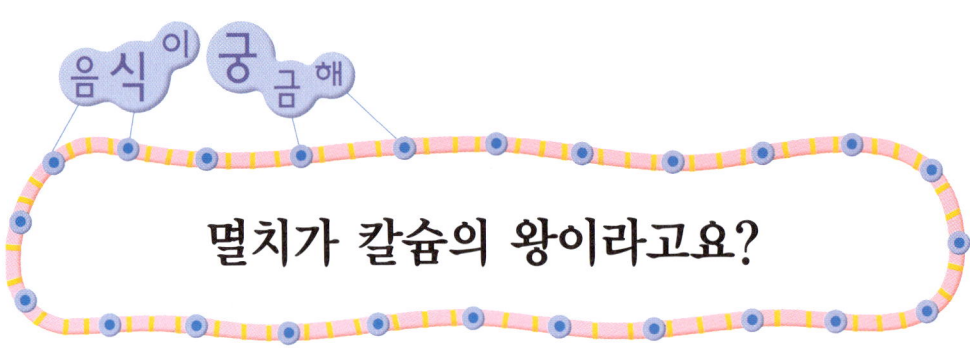

멸치가 칼슘의 왕이라고요?

멸치는 칼슘이 많이 들어 있어 어린이들 성장에 좋은 식품입니다.

보통은 말려서 볶거나 조려서 먹고, 큰 멸치는 국물을 내서 먹지만, 싱싱한 멸치는 회로 먹기도 합니다.

몸집은 작지만 영양은 다른 생선 못지않아 단백질, 지방, 칼슘, 철분, 비타민 등 성장기에 필요한 영양이 듬뿍 들어 있습니다.

멸치는 뼈째 먹는 몇 안 되는 생선 중의 하나로 '칼슘의 왕'이라고 불립니다.

멸치의 내장은 쓴맛을 내기 때문에, 떼어 내고 조리하기도 합니다. 하지만 몸에 나쁜 건 아니기 때문에 그냥 먹어도 상관은 없지요.

멸치의 다양한 요리법 중 하나가 멸치젓입니다. 멸치젓은 담그는 방법에 따라 액젓과 육젓으로 나뉘죠. 멸치를 일 년 이상 항아리에 담아 보관한 것을 액젓이라 하는데 소금의 양을 육젓보다 조금 적게 넣습니다. 멸치는 가을에 남쪽 먼 바다로 간 뒤 겨울철을 보내고 봄에 다시 육지에 가까운 바다로 되돌아옵니다.

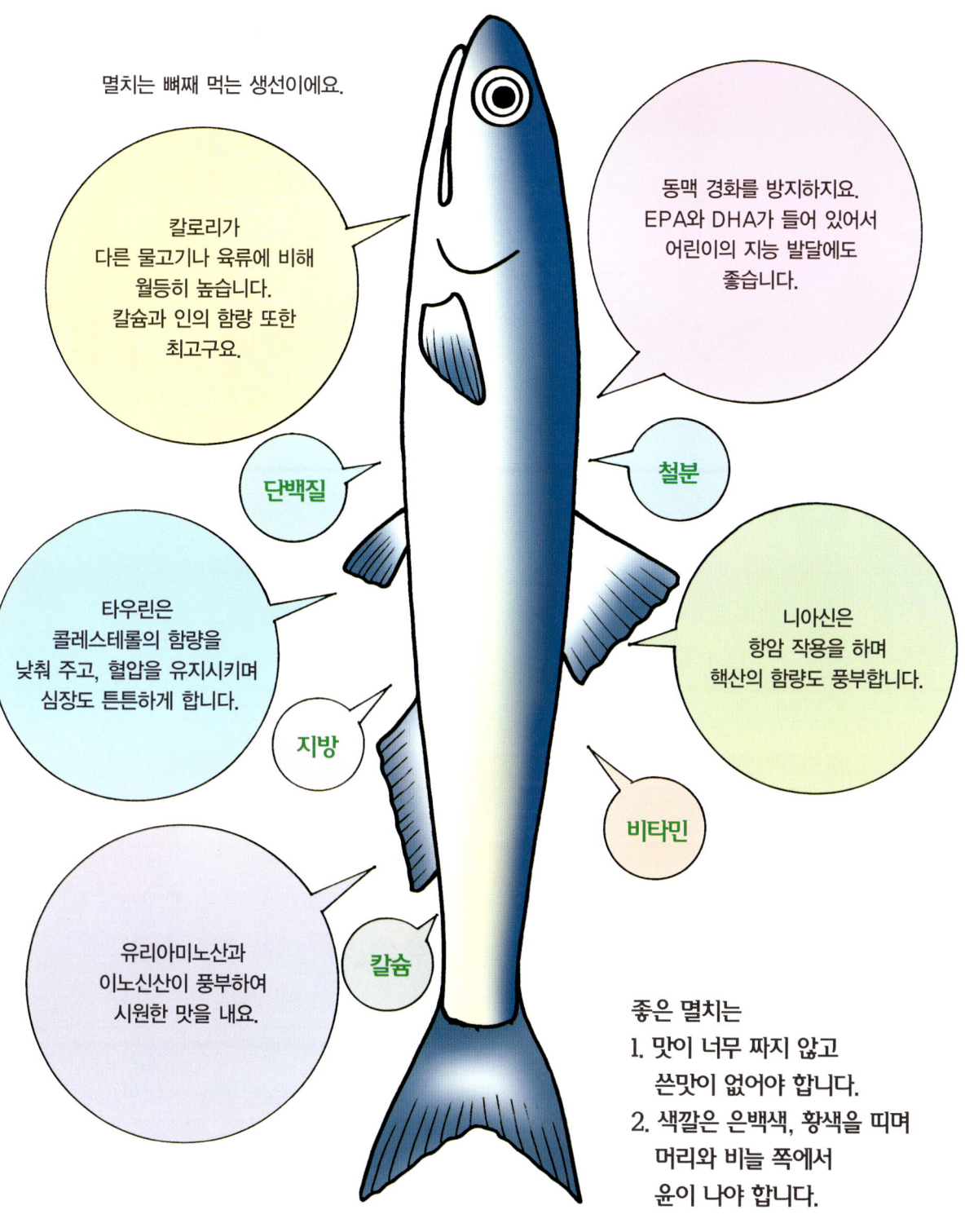

음식이 궁금해

감자를 세계인들이 먹는다고요?

감자는 서늘한 기후와 토박한 토질에서 잘 자라기 때문에 세계적으로 광범위하게 재배되고 있습니다. 아메리카 대륙의 해발 1800m 산악 지대는 물론, 알프스나 히말리아 산맥과 북위 71도인 노르웨이, 핀란드 북쪽, 시베리아의 몹시 추운 지방에까지 감자가 자라고 있어요.

우리 나라 강원도의 대관령 부근과 북한의 개마고원도 감자 농사가 아주 잘 되는 곳입니다.

감자의 원산지는 남아메리카 안데스 산맥의 고원 지대인데, 콜럼버스의 신대륙 발견과 함께 잉카 제국에서 유럽으로 전파되었습니다. 짧은 기간에 자라 많은 수확을 할 수 있는 영양 많은 작물이기 때문에 급속하게 퍼져서, 18세기 경에는 전세계의 식량 자원이 되었습니다.

세계에서 감자를 제일 많이 재배하는 유럽의 독일과 네덜란드는 평당 약 7kg의 감자를 생산하고 있습니다. 우리 나라에서도 30평에서 약 2,500kg을 생산하고 있습니다.

감자에 제일 많이 들어 있는 것은 녹말인데, 감자 전체의 무게의 50~69%를 차지할 정도로 많습니다. 또한 질이 좋은 단백질과 지방도 다른 식품보다 비교적 많이 들어 있습니다. 특히 칼슘과 철분, 인 등 무기 염류와 비타민 B, C 등도 골고루 들어 있어 변비를 예방합니다.

감자는 유아의 영양 부족에 좋으며 고혈압 신장병 등 성인병과 비만을 막아 주며, 구내염과 피부병을 예방하여 주는 알칼리성 식품입니다. 감자야말로 앞으로 부족한 식량난을 해결할 수 있는 좋은 식품인 것입니다.

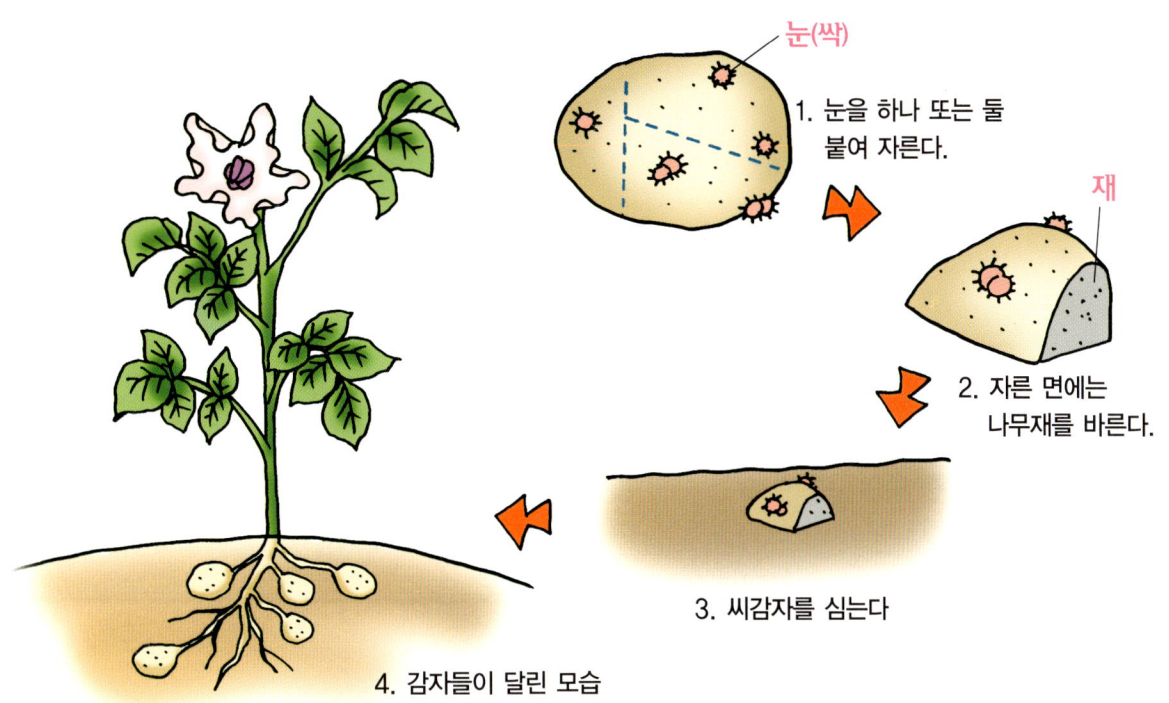

눈(싹)

1. 눈을 하나 또는 둘 붙여 자른다.

재

2. 자른 면에는 나무재를 바른다.

3. 씨감자를 심는다

4. 감자들이 달린 모습

감자는 성인병 예방과 비타민 C, 식이섬유가 풍부한 저칼로리 식품입니다.

싹이 난 감자는 솔라닌이라는 독성분이 생겨서 조심해야 합니다.

감자의 껍질을 벗겨 두었을 때 색이 변하는 건 티로시나아제의 작용으로 멜라닌 색소가 형성되기 때문입니다. 물에 담궈 두면 색이 변하지 않아요.

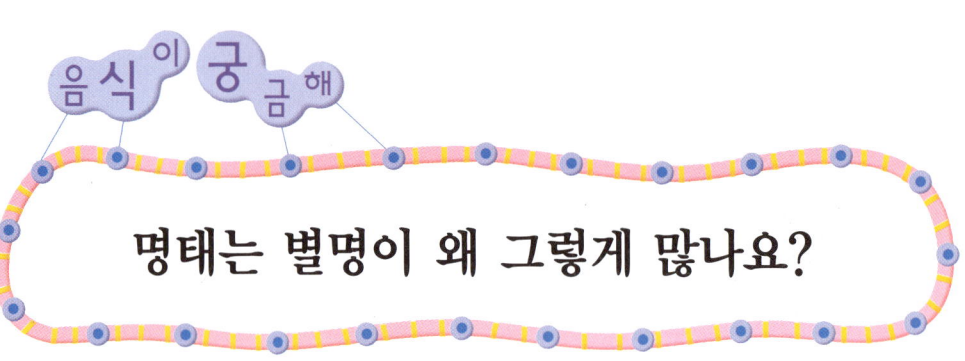

명태는 별명이 왜 그렇게 많나요?

　조선 때, 명천군에 사는 태씨 성을 가진 어부가 처음 잡은 물고기를 임금에게 바쳤대요. 임금은 그 물고기 맛이 너무 좋아, 명천의 '명' 자와 태씨 어부의 '태' 자를 따서 이름을 명태라고 지었다고 합니다.

　명태는 그 별명도 다양합니다. 얼린 것은 동태, 새끼는 노가리, 그냥 말리면 북어, 반쯤 말리면 코다리, 얼렸다 녹였다를 반복해 노랗게 말린 건 황태입니다. 그 외에도 상태나 잡는 시기에 따라 건명태, 더덕북어, 막물태, 선태 등의 이름도 있습니다.

　명태는 단백질이 많고 지방이 적어 살이 찌는 것을 막아 줘요. 또 고혈압을 예방하는 중요한 건강 식품입니다.

　또한 간을 보호해 주고, 소변이 잘 나오게 해 주며, 입맛을 돋구지요. 또 눈이 침침할 때 명태를 많이 먹으면 회복이 빠르다고 합니다.

　명태는 맛이 개운하고, 혹사한 간을 보호해 주는 해독제로 알려진 아미노산이 많이 들어서 감기 몸살을 앓을 때 좋습니다. 뜨거운 국물

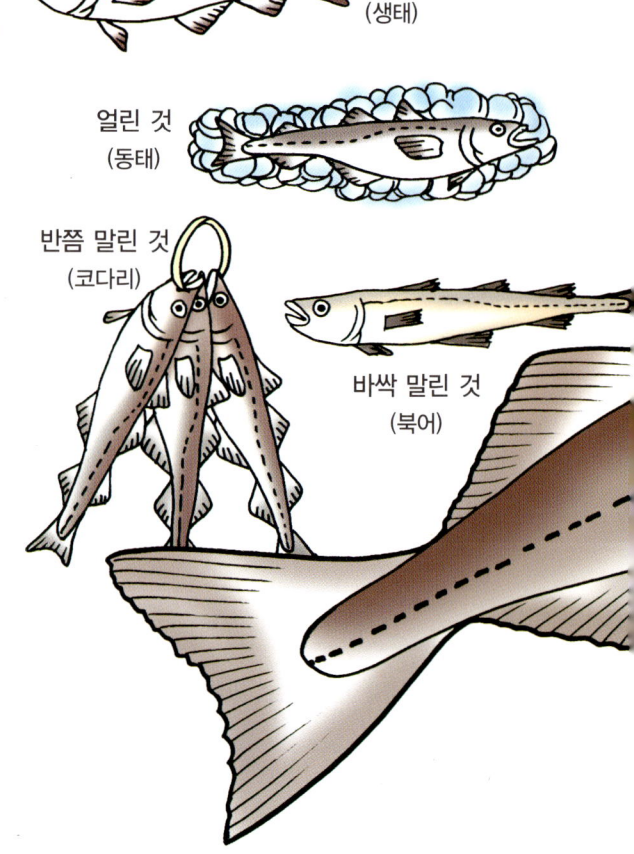

얼리지 않은 것
(생태)

얼린 것
(동태)

반쯤 말린 것
(코다리)

바싹 말린 것
(북어)

을 땀이 나게끔 마시면 금방 몸이 가벼워지고 낫는다고도 하고, 특히 어른들은 술을 드신 뒤 명탯국을 먹으면 최고라고 하죠.

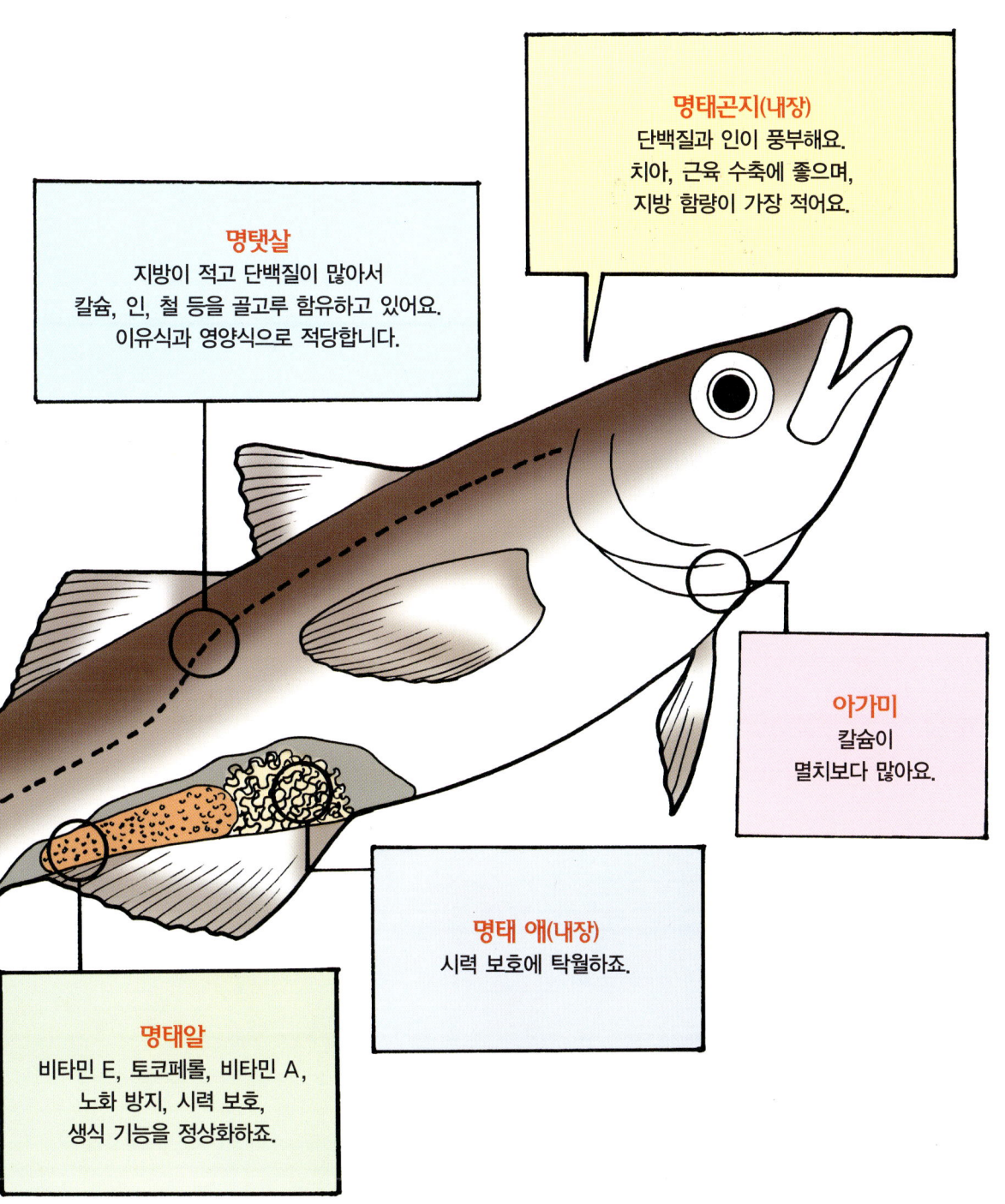

명태곤지(내장)
단백질과 인이 풍부해요.
치아, 근육 수축에 좋으며,
지방 함량이 가장 적어요.

명탯살
지방이 적고 단백질이 많아서
칼슘, 인, 철 등을 골고루 함유하고 있어요.
이유식과 영양식으로 적당합니다.

아가미
칼슘이
멸치보다 많아요.

명태 애(내장)
시력 보호에 탁월하죠.

명태알
비타민 E, 토코페롤, 비타민 A,
노화 방지, 시력 보호,
생식 기능을 정상화하죠.

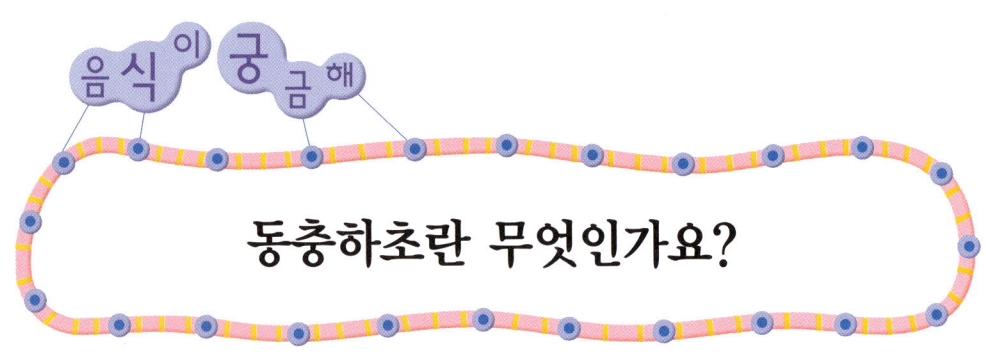

동충하초란 무엇인가요?

동충하초란 곤충의 몸 속에서 살다가 곤충의 몸에 뿌리를 내리고 풀처럼 돋아나는 희한한 버섯류입니다. 겨울에는 곤충이었다가 여름엔 풀이 된다고 해서 동충하초라고 이름이 붙었지요.

동충하초는 전세계적으로 널리 분포되어 있고, 우리 나라에는 약 78종이 존재하고 있습니다.

동충하초는 공기가 깨끗하고 습도가 높으며 적당한 나무 그늘이 조성되어야만 살 수 있습니다.

동충하초는 크게 두 가지 면에서 사람에게 유익합니다.

첫째로 약재로서의 기능을 꼽을 수 있습니다. 동충하초는 오래 전부터 중국에서 불로장생의 명약으로 알려지기도 했습니다. 무엇보다도 사람의 면역 기능을 강화시킨다는 것이 큰 장점입니다.

동충하초에 함유된 '충초다당' 이라는 성분이 면역력 증강에 효과가 크다는 점 때문에 에이즈 치료제로 사용할 것을 검토하고 있습니다.

동충하초가 좋은 또다른 이유는 곤충에게 병을 일으킨다는 본래의 성질을 역으로 이용해 해충을 없앤다는 점입니다. 그렇기 때문에 동충하초는 생태계와 사람 모두에게 적은 부작용을 일으키는 좋은 방충제 역할을 하는 것입니다.

동충하초의 종류

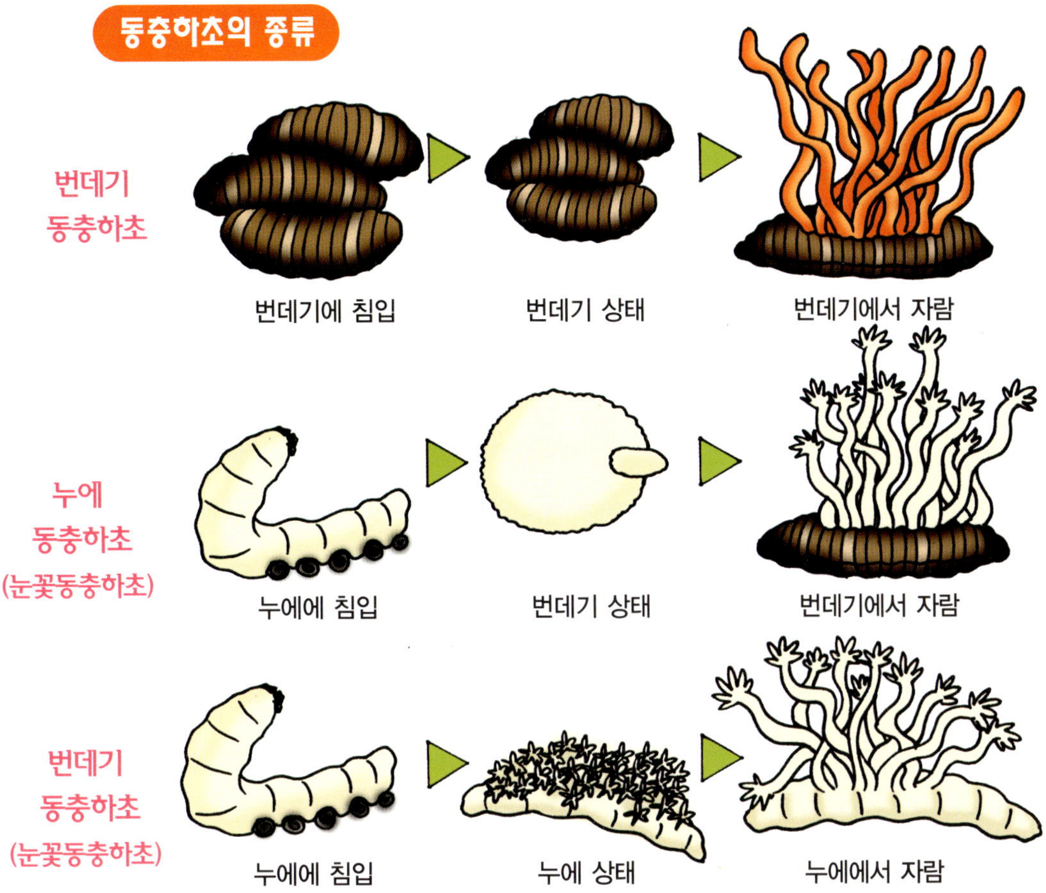

번데기 동충하초
번데기에 침입 ▶ 번데기 상태 ▶ 번데기에서 자람

누에 동충하초 (눈꽃동충하초)
누에에 침입 ▶ 번데기 상태 ▶ 번데기에서 자람

번데기 동충하초 (눈꽃동충하초)
누에에 침입 ▶ 누에 상태 ▶ 누에에서 자람

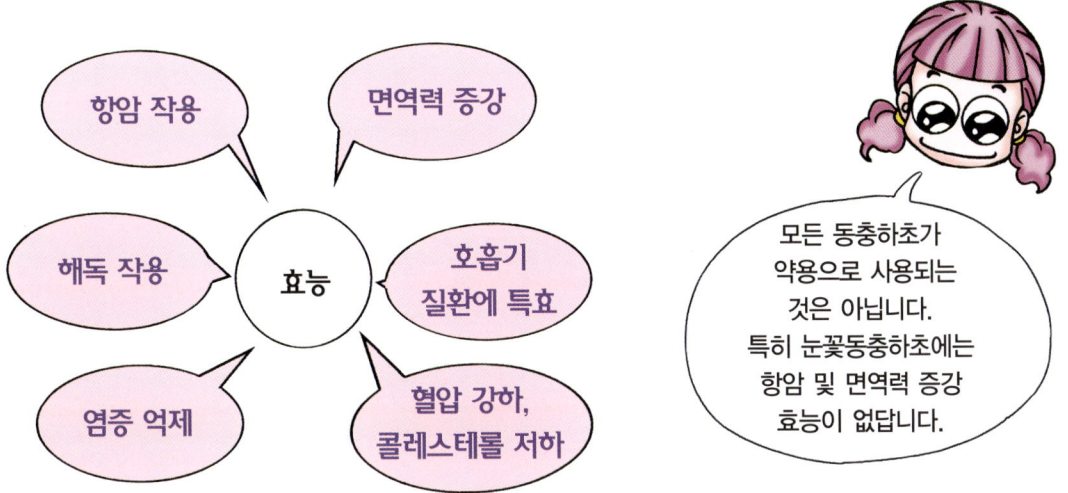

효능
- 항암 작용
- 면역력 증강
- 해독 작용
- 호흡기 질환에 특효
- 염증 억제
- 혈압 강하, 콜레스테롤 저하

모든 동충하초가 약용으로 사용되는 것은 아닙니다. 특히 눈꽃동충하초에는 항암 및 면역력 증강 효능이 없답니다.

일반적으로 겨울에는 몸집이 작아졌다가
여름이 되면 커지는데,
배 밑 끝에는 큰 꼬리가 있고,
배에 있는 다섯 쌍의 나뭇잎 모양의 다리로
뛰듯이 물 속을 헤엄치면서 다닙니다.

— '곳에 따라 물벼룩의 모양이 달라진다고요?' 중에서

알

창자

다리

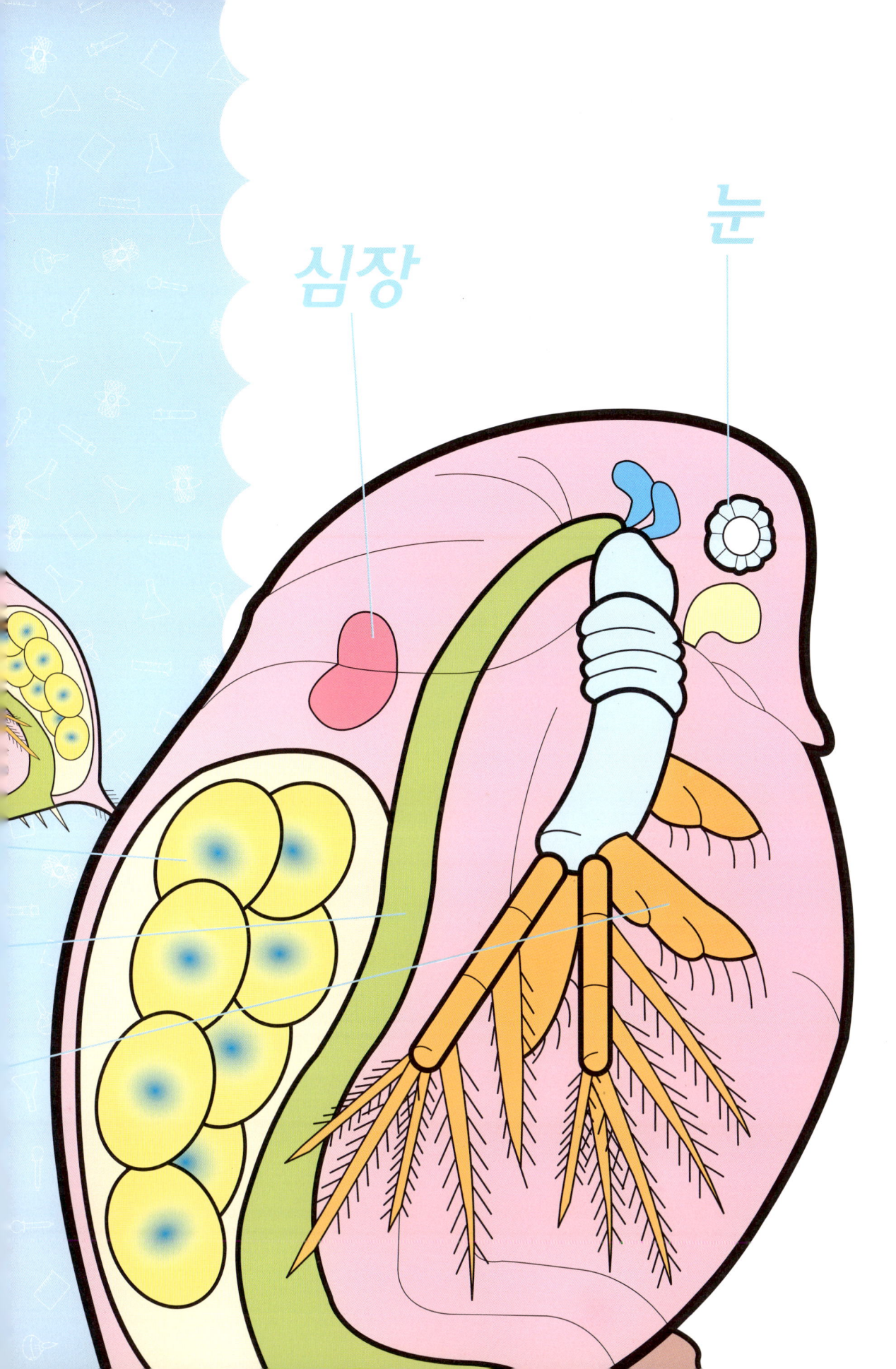

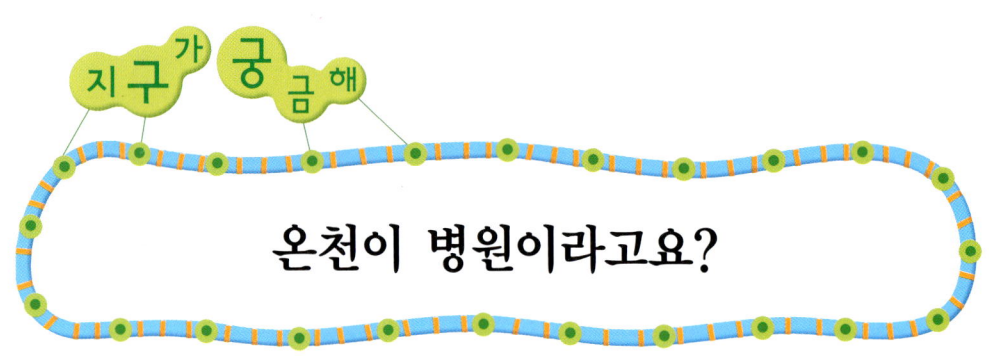

온천이 병원이라고요?

피로를 풀어 주고 병도 고쳐 주는 온천!

지하수가 높은 열의 마그마에 의해 뜨거워지고 그것이 지각의 갈라진 사이에서 땅 위로 솟아오른 것을 온천이라고 합니다.

온천은 지하의 마그마에 의한 작용이기 때문에 화산 가까이에서 많이 나옵니다. 온도는 40~60℃인 것이 많고 어떤 것은 100℃나 그 이상인 것도 있다고 해요.

우리 나라에서는 물의 온도가 25℃면 온천이라고 합니다.

온천수에는 나트륨, 칼슘, 칼륨, 마그네슘, 염소, 황산 등 무기질이 있으며, 황화수소, 리튬, 불소, 규산, 인, 철, 망간 등도 들어 있습니다.

온천수는 병이 있는 환자들에게 여러 가지로 효능이 있습니다. 세종 대왕도 피부병이 심해서 온천을 많이 찾았다는 이야기가 전해지지요.

온천수에 함유되어 있는 탄산가스가 피부에 흡수되면 말초 혈관을 확장, 피의 흐름을 촉진시키기 때문에 혈압을 낮출 수 있어 가벼운 고혈압증, 동맥경화, 류머티스성 질환에 효과가 있답니다.

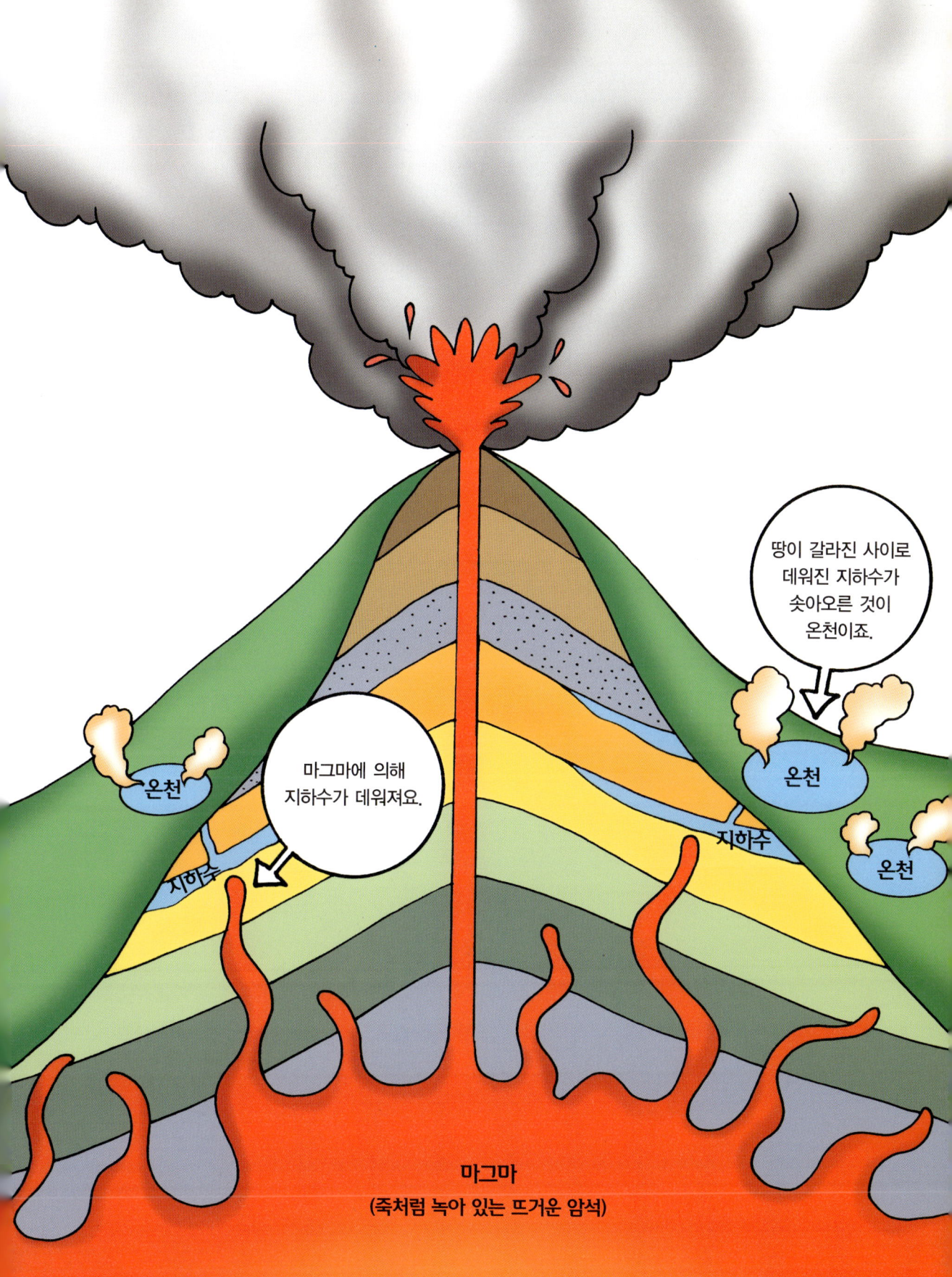

지구가 궁금해

왜 남극 하늘에 구멍이 나죠?

오존 구멍이란 오존의 농도가 주변보다 많이 낮아서 구멍이 뚫린 것처럼 보이는 현상입니다.

남극에 오존 구멍이 크게 생기는 것은 겨울 동안 남극 상공 가장 높은 곳에 소용돌이가 만들어지기 때문이죠. 남반구의 겨울 동안 만들어진 소용돌이는 남극 대륙 상공의 공기와 중위도 상공의 공기가 교환되는 것을 막아 성층권의 기온이 −80℃ 이하까지 내려가게 됩니다.

남극의 오존 구멍이 남반구 초봄(북반구 초가을)에 형성되는 것은 바로 성층권에 겨울 동안 축적된 염소기가 봄의 따스한 햇빛에 의해 발생하기 때문이예요. 오존 파괴를 빠르게 하는 것이 염소와 브롬인데 이들은 염소 화합물, 브롬 화합물과 같은 안정된 물질에 들어 있다가 −80℃ 이하의 차가운 성층권 구름 표면에 수증기와 반응해 이 화합물 가운데 질산 화합물을 얼음 내에 가두게 됩니다. 질산화물은 염화산화물의 오존파괴 촉매 작용에 조절 작용을 하는 화합물이라서 이 농도가 줄어들면 오존 파괴 작용이 심하게 일어나게 되는 것입니다.

그런데 질산 화합물이 얼음에 묶여 있으면 대기 중의 농도가 매우 낮아지게 됩니다. 또 이 산화물을 머금은 얼음 입자에 얼음이 다시 붙으면 무거운 얼음 덩어리가 되죠. 이 얼음 덩어리는 중력 때문에 대류권으로 가라앉으면 또 성층권에서 질산화물의 양이 줄어듭니다.

이런 남극의 특이한 환경 때문에 남극 성층권에서 염화 산화물이 많이 남아 있게 되고 여기에 햇빛이 비치면 광분해되어 오존 파괴 촉매인 염소가 만들어져 즉시 오존을 파괴하는 것이지요.

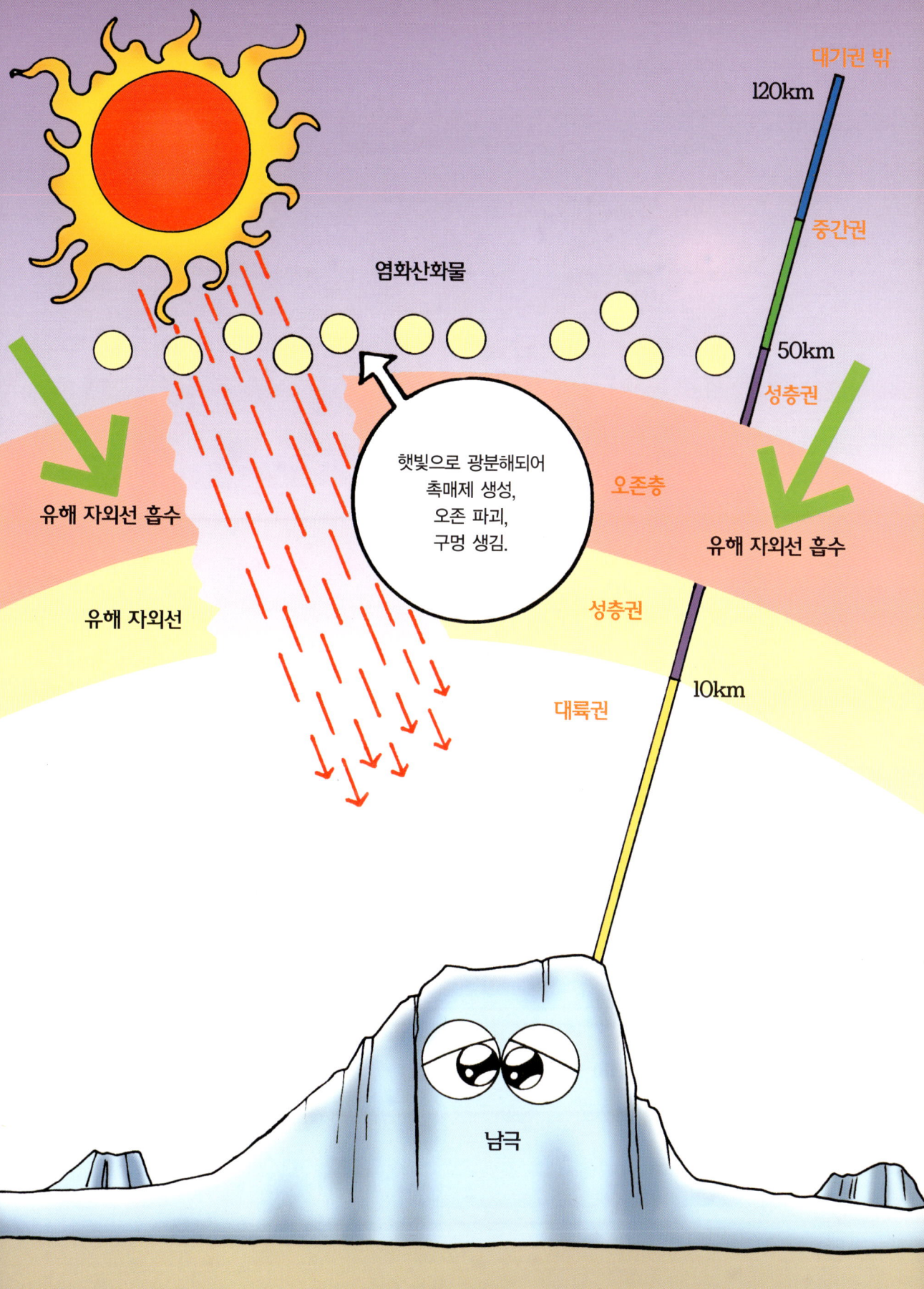

지구가 궁금해

지구는 누가 청소하나요?

넓은 지구를 청소해 주는 누군가가 있다니 그게 누군지 궁금하지 않나요?

그건 바로 보통 0.001~0.0001cm의 미생물입니다. 눈으로는 보이지 않는 아주 작은 생명체지요.

지구상에 살고 있는 생명체를 크게 동물과 식물로 분류할 수 있습니다. 이 분류는 녹색 엽록체를 가지고 있느냐 없느냐에 의해서 결정됩니다.

동물과 식물로 구분하기가 애매하고, 크기가 작은 생명체를 미생물이라고 부릅니다.

이 미생물은 대부분이 단세포로 구성되어 있어 현미경을 통해서만 겨우 볼 수 있죠.

미생물은 오염된 물을 정화시키는 데도 이용되는데 생활 하수, 산업 폐수, 축산물의 폐수 등을 분해합니다. 이들 미생물로 인해 오염된 물이 정화되는 거예요.

보통 미생물의 작용에 의한 생물학적 처리법만으로도 생활 하수와 산업 폐수에 포함된 오염 물질의 약 90%는 제거할 수 있다고 합니다.

결과적으로 처리장을 통하여 나가는 물은 미생물을 이용한 정화만으로도 깨끗한 물이 되죠.

음식물 쓰레기의 퇴비화에 쓰이는 미생물 발효제뿐만 아니라 플라스틱 분해용 미생물이나 비닐 분해용 미생물이 생겨나게 되면 지구는 한층 더 깨끗하게 될 거예요.

지구가 궁금해

댐이 피해를 줄 수 있나요?

높이 있는 물의 힘으로 전기를 얻습니다.

홍수를 예방하고 식수, 농업 용수, 공업 용수로 쓰입니다.

댐은 홍수를 예방할 뿐만 아니라 귀중한 전기도 얻을 수 있죠. 또 물을 모아 두었다가 필요할 때 쓸 수 있게도 합니다.

그런데 이렇게 고마운 댐이 우리에게 피해를 줄 수 있다고 해요. 20세기에 들어와서 200여 개의 댐 붕괴 사고가 일어나 많은 인명 피해가 있었습니다.

1963년 이탈리아 댐의 붕괴로 2천6백여 명의 인명 사고가 났습니다. 이 사고는 댐 자체가 붕괴되지 않고 발생한 희귀한 사례입니다.

이 댐은 퇴적암과 석회암 지대에 건설되었는데, 댐이 완공되어 바위층이 물에 잠기기 시작하자 석회암층이 서서히 녹아 내렸습니다.

즉 댐 위의 산에서 산사태가 일어나 호수 속으로 쏟아져 내렸던 것이죠. 이 충격으로 거대한 물줄기가 솟구치면서 물이 넘쳤고, 하류 지역의 마을을 폐허로 만들었던 것입니다.

우리 나라에서도 1961년, 전북 남원군 이백면 효기리 댐이 붕괴됐습니다. 높이 15m, 길이 약 115m의 농업용 소규모 댐이었는데, 집중 호우로 댐이 무너져 인명 피해와 재산 피해를 입었습니다.

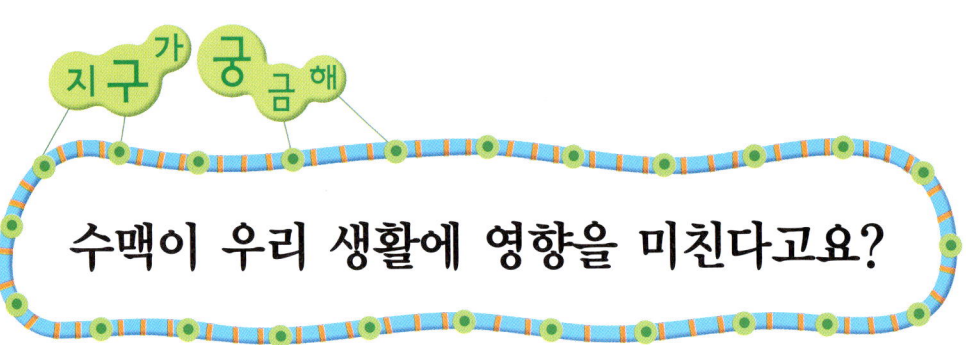

수맥이 우리 생활에 영향을 미친다고요?

　우리 나라는 전통적으로 물의 흐름을 중요하게 생각했습니다. 집을 지을 때도 아주 중요하게 생각하죠.
　왜냐하면 물줄기가 방 밑으로 지나가면 방바닥이 갈라져 연탄 가스 사고가 일어날 수 있고, 또 혈압이 높은 사람이 자면 중풍에 걸릴 수 있을 정도로 어린이나 노약자들의 건강에 영향을 미친다고 합니다.
　또 축사 밑으로 물줄기가 지나갈 경우에는 가축들이 앓거나 떼죽음을 당하는 경우도 있어요. 그뿐 아니라 정밀한 기계 밑으로 수맥이 지나갈 경우에는 기계의 고장이 잦고 심지어는 쓰지 못하게 될 때도 있습니다.
　수맥은 산사태와 축대가 무너지는 원인이 되기도 하는데 수맥 위의 땅은 병든 땅과 같다고 생각하면 됩니다.
　건물을 지을 때 기초 공사 후, 바닥에 동판을 깔면 수맥의 피해를 막을 수 있습니다.

숙면을 취할 수 없어요.

수맥

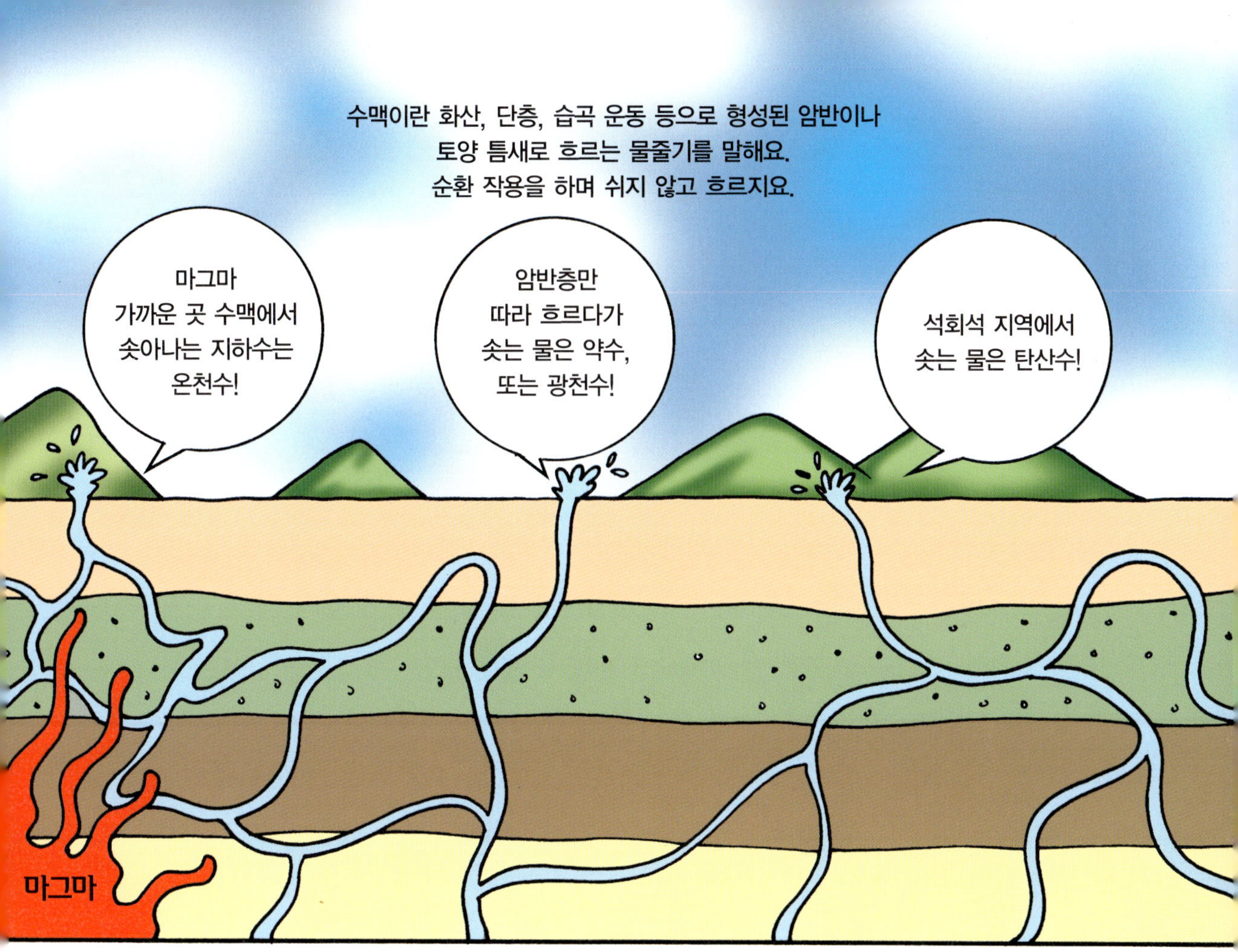

수맥이란 화산, 단층, 습곡 운동 등으로 형성된 암반이나
토양 틈새로 흐르는 물줄기를 말해요.
순환 작용을 하며 쉬지 않고 흐르지요.

마그마 가까운 곳 수맥에서 솟아나는 지하수는 온천수!

암반층만 따라 흐르다가 솟는 물은 약수, 또는 광천수!

석회석 지역에서 솟는 물은 탄산수!

마그마

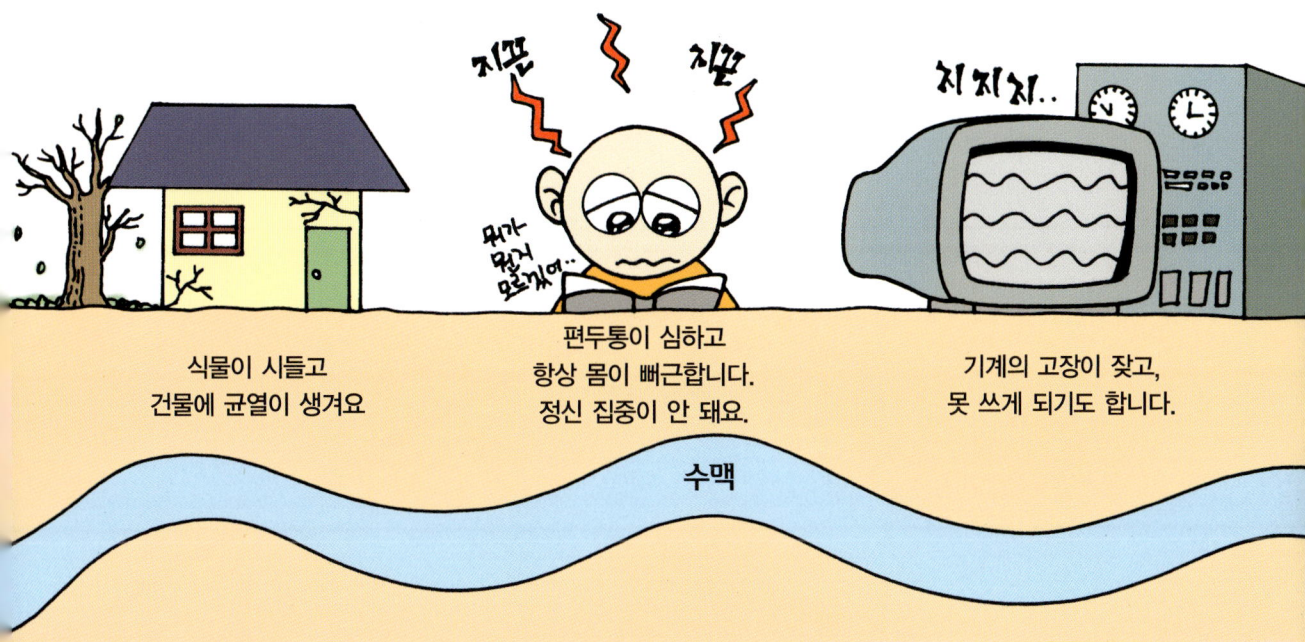

식물이 시들고
건물에 균열이 생겨요

편두통이 심하고
항상 몸이 뻐근합니다.
정신 집중이 안 돼요.

기계의 고장이 잦고,
못 쓰게 되기도 합니다.

수맥

지하수가 점점 사라지고 있다고요?

한여름 가뭄도 아닌데 우물이 말라 버렸네!

땅 속으로 스며드는 지하수는 육지에서 흐르는 강물의 3,000배나 되는 양입니다.

그런데 이렇게 많은 양의 지하수가 점점 줄어들고 있대요.

그 이유는 지하수로 스며드는 물의 양보다 사람들이 사용하는 지하수의 양이 더 많기 때문입니다. 만일 이런 일이 계속된다면 지하수를 퍼올리는 비용은 계속 증가하고, 결국 지하수도 말라 버리게 될 거예요.

대표적으로 1980년대 초반, 미국의 주요한 농업 지대인 텍사스, 캘리포니아, 캔자스, 네브라스카에서 지하수가 마르기 시작했고, 주요 밀 생산지인 중국 북부 평원에서는 지하수면이 1년에 1m씩 내려가고 있다고 합니다.

우리 나라 대구 지방의 지하수위도 12~15m나 낮아졌으며, 부곡 온천 부근의 지하수위도 250m까지 떨어졌다고 해요.

제주도에서는 많은 지하수를 사용해서 지하수 수위가 낮아졌어요. 그 바람에 바닷물이 스며들어 제주도 동부 지역 해안에서 6km까지의 지하수를 마실 수 없게 될 위험이 있다고 해요.

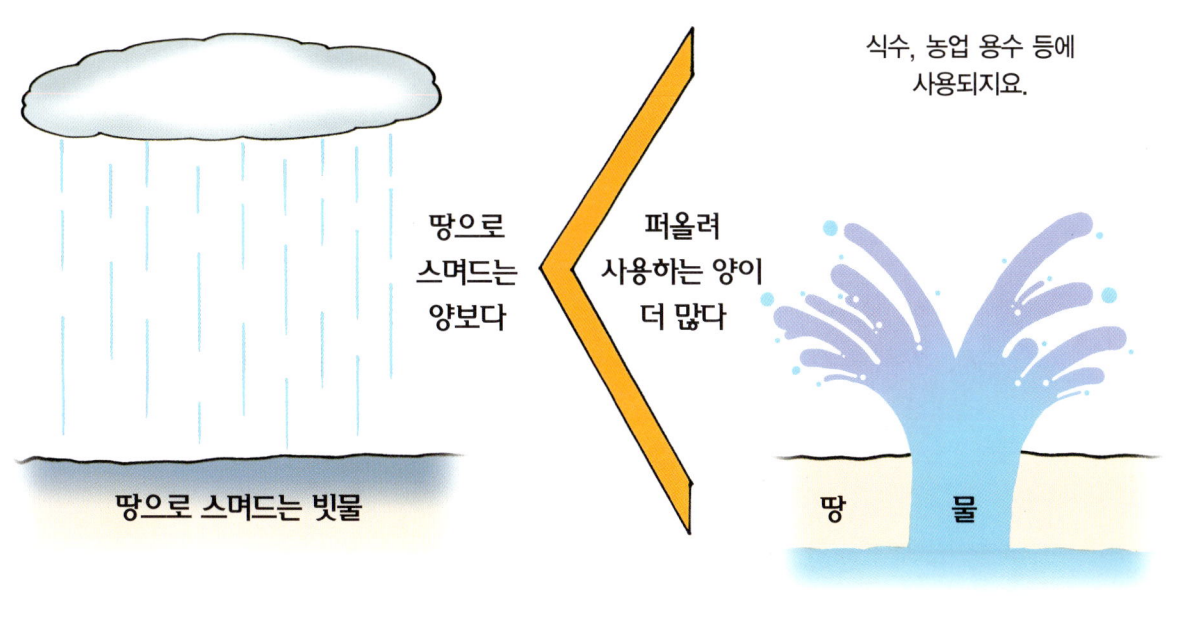

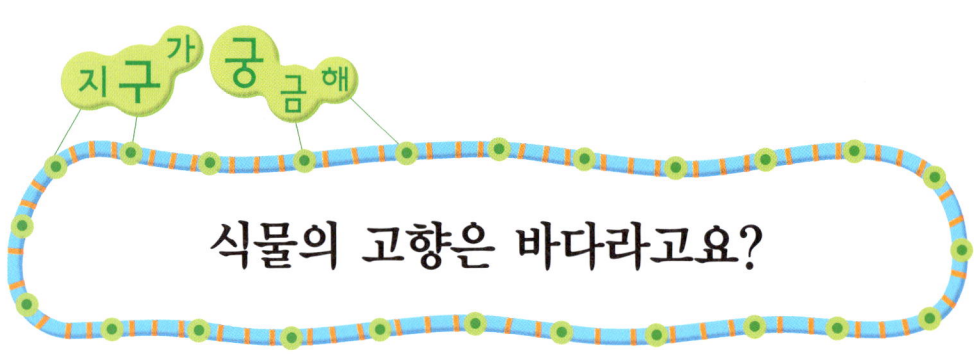

식물의 고향은 바다라고요?

지구상에 식물이 처음으로 나타난 것은 약 4억 1천만 년 전이라고 합니다.

최초의 육상 식물은 프실로피톤이라고 하는 하등의 양치류였는데 길이가 약 40㎝였다고 해요. 이것은 바닷속에서 자라던 해초가 진화되어 바닷가 바위에 줄기를 뻗으며 자라게 된 것이죠.

최초의 육상 식물은 처음에는 물기를 머금은 땅이나 얕은 늪에서 살면서 차츰 물가로 이동하게 되었어요. 그러면서 뿌리를 내렸고 차츰 더 깊은 육지로 이동해 풀숲이나 나무숲을 이루게 된 거죠.

진화론에 따르면 초기의 녹색 식물은 단 한 개의 세포로만 되어 있었다고 합니다. 그런데 진화의 과정을 거친 후, 많은 세포가 모여 큰 개체가 된 거죠. 오늘날 지구상에 살고 있는 많은 식물은 대부분 바다에서 육지로 나와 땅에 붙어서 살기 위하여 작은 뿌리를 발달시켰다고 해요.

바다의 얕은 곳에서 자라고 있는 녹색말 무리 중에는 물이 없어져도 살 수 있는 식물이 나타났는데, 육지에 올라와서 생활하게 된 것이 이끼 종류입니다.

선캄브리아대	시생대	원시 생물 출현(박테리아)
	원생대	콜레니아 같은 원시 조류 출현 다세포 동물 출현
고생대	캄브리아기	삼엽충 출현, 무척추동물 번성
	오르도비스기	필석류 번성, 척추동물 출현(갑주어), 관다발 식물 생겨남
	실루리아기	공기 호흡 동물 출현(폐어), 육상 식물 출현(솔입란류), 바다에 살던 식물들이 물가로 올라오기 시작
	데본기	양서류 출현, 양치식물 등 육상 식물이 급격히 늘어남
	석탄기	파충류 출현, 양서류 번성, 양치식물 크게 번성
	페름기	겉씨식물 출현, 은행나무류, 소철류 등장 식물의 종이 수백 종으로 다양화됨
중생대	트라이아스기	포유류 출현, 겉씨식물이 번성
	쥐라기	시조새, 익룡 출현 속씨식물 출현
	백악기	속씨식물 중 쌍떡잎식물 번성
신생대	제3기	초식 포유류의 번성과 진화 말, 무소, 낙타의 선조 출현 코끼리 출현, 영장류 출현 떡잎식물 시대
	제4기	인류의 출현과 진화

눈 녹은 물은 보통 물과 다른가요?

눈과 얼음에 대하여 깊이 연구하는 학자들에 의하면 찬물로 몸을 자극하면 신기한 일들이 일어난다고 합니다. 효소의 작용이 활발하게 일어나 생명력이 강화되고, 잘 늙는 게 지연될 수 있으며, 일부 젊어지는 작용도 한다고 해요. 즉, 눈 녹은 물은 모든 생명체에 생리 작용을 높여 주는 역할을 한다고 합니다. 또한 얼음이 녹을 때에 플랑크톤이 갑자기 증가하는데, 이 플랑크톤을 먹으려고 물고기들이 모여든다고 해요. 그래서 좋은 어장이 형성됩니다.

세계 4대 어장은 모두 빙산이 떠다니는 바다라는 점을 보아도 눈 녹은 물의 신비로움을 알 수 있답니다.

조금 더 확실한 증거를 보인다면 눈 녹은 물을 어린 나무가 빨아들이면 빨리 자라고, 새가 이 물을 먹으면 알을 잘 낳으며, 젖소가 먹게 되면 우유 생산량이 훨씬 많아진다고 합니다.

과학자들은 늙은 쥐를 얼음 박스에 넣어 쥐의 체온이 22~25℃로 내려갈 때까지 두었다가 밖으로 꺼내어 체온이 27℃도 올라가면 다시 이 쥐를 얼음 박스에 넣어 저온 상태에서 4시간 동안 견디도록 하는 실험을 3~4회 실시해 본 결과 쥐는 식욕이 왕성해지고 털빛에도 윤기가 흘렀다고 해요.

보통의 물 분자 | 눈 녹은 물의 분자

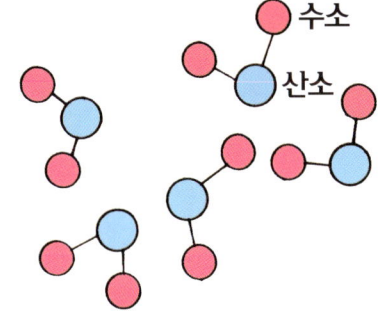
수소
산소

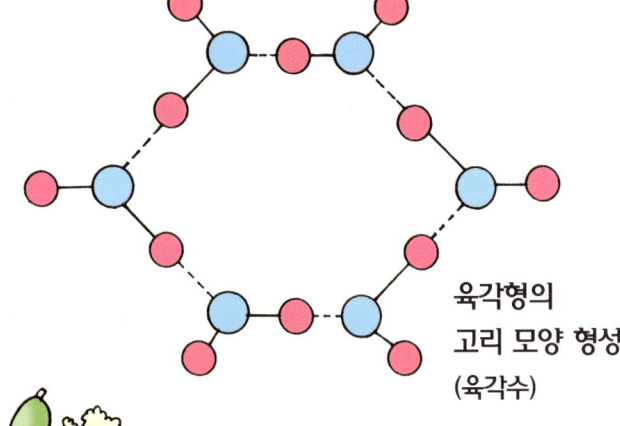
육각형의
고리 모양 형성
(육각수)

눈 녹은 물로 목욕을 하면
피부가 매끄러워져요.
린스를 하지 않아도
머릿결이 부드러워진답니다.

채소의 신선도가
오래 유지됩니다.

눈 녹은 물로 세탁을 하면
곰팡이와 악취가 제거되고
멸균, 표백 효과까지 있어요.

약재의 효과를 증가시키고
중금속 등 유해 물질을 제거해요.

용존 산소와 각종 미네랄이 풍부해서
물고기들이 활력 있게 살아요.
각종 세균과 박테리아를 죽여서
병에 걸리지도 않아요.

가축들의 성장이 촉진됩니다.
육질이 좋아지고,
질병을 예방, 치유합니다.

화초는 물론 각종 농산물의
성장을 촉진해요.
퇴비가 없어도 생생하고
튼튼하게 자라요.

우리 나라가 물바다가 되었다고요?

우리 나라는 매년 장마와 홍수로 피해를 입습니다. 그 중 과거의 큰 홍수에 관한 기록을 찾아보았더니 1925년에 일어난 대홍수가 있었습니다.

그 당시의 강우 전선이 7월 초순부터 9월 초순까지 2개월 동안 남북으로 이동하면서 전국의 하천 유역에 1~4회에 걸쳐 집중 호우가 내렸답니다. 그래서 큰 피해를 입었다고 해요. 이 홍수 때문에 많은 농경지가 유실되었고 약 6만 채의 가옥이 침수당했다고 합니다.

가장 피해가 컸던 지방은 한강과 낙동강이 있는 경기도와 경상남도 지방이었습니다.

서울의 뚝섬과 마포는 완전히 물바다가 되었고, 서울 시내 전역이 거의 다 잠겼다고 해요. 이 장마 기간 중 최대 강수량은 370㎜였으며, 517명의 인명 피해와 1,366억 원의 재산 피해를 냈습니다.

이것은 자연 재해지만 대비를 잘 했다면 막을 수 있는 피해였습니다. 스스로 주변을 살펴 큰 피해가 없도록 해야 할 거예요.

바닷가 식물들은 바닷물을 먹나요?

바닷가의 쭉쭉 뻗은 나무들을 보면 신기하기만 합니다. 땅 속 깊은 뿌리가 바닷물을 먹고 자라는 게 아닌가 의문을 가지기도 하죠. 그러나 바닷가에 있는 나무들도 땅 속 깊은 뿌리로 지하수를 먹는다는 사실을 아시나요?

바닷물은 민물에 비해 소금 등의 광물 성분이 들어 있기 때문에 바닷물의 비중은 1.024로 민물의 비중보다 매우 큽니다. 그러므로 해안 가까이에 있는 지하수는 육지에서 바다 쪽으로 흘러내리는 민물층과 바다로부터 육지 쪽으로 스며드는 짠 바닷물이 서로 섞이지 않고 경계면을 이루고 있죠.

즉 바닷물과 민물의 비중 차이로 바닷물 수면 아래까지 많은 민물이 지하수로 저장되는 것입니다.

이런 현상 때문에 바닷가 근처의 나무나 풀은 짠물이 아닌 민물로 자라고 있는 거예요.

그러나 문제는 있습니다.

바닷물 수면보다 높이 있는 민물 지하수를 많이 뽑아 쓰면 민물과 짠물인 바닷물의 경계면이 약해집니다. 민물이 있던 그 자리에 짠 바닷물이 스며들어 자기들이 자리를 잡게 되는 것이죠.

이처럼 짠 바닷물이 들어오게 되면 다시 민물로 회복되는 데 몇십 년 이상이 걸리게 되므로 지금까지의 우물에서도 민물을 전혀 쓸 수 없을 수도 있어요. 특히 화산 활동에 의하여 형성된 지질 구조의 해안 지방에서는 이런 현상이 잘 나타나 문제가 되고 있답니다.

대기 오염이 심하면 사람이 병든다고요?

공기는 인간에게나 식물에게 없어서는 안 되는 아주 중요한 것입니다. 이 공기의 성분과 성질은 지구 위에 있는 모든 생물을 보호하며 살아갈 수 있도록 해 주기 때문에 각 성분의 분량이 갑자기 많아지거나 적어지면 생태계에 큰 피해를 주거나 기상 이변이 생기게 되죠.

만약, 대기가 오염되면 그 피해는 가장 먼저 사람에게 오게 됩니다. 갑자기 호흡기 질환을 일으키게 되며, 몸이 약해져 각종 질병에 시달리게 되죠.

공기가 오염되면 농작물과 식물의 피해뿐 아니라 건축물을 부식시키며 옷이나 생활 용품이 더러워지기도 해요. 또한 기상 이변이 생겨 한 곳에만 집중적으로 비가 온다거나, 비가 너무 오지 않아 가뭄이 계속되는 경우도 생깁니다.

공장이나 가정 또는 수많은 자동차들이 석탄이나 석유를 태우면 탄소(C) 및 수소(H)와 산소(O_2)가 결합합니다. 즉 화석 연료가 탈 때에는 일산화탄소, 이산화탄소, 탄화수소, 질소산화물, 이산화황 등 해로운 물질이 발생하게 됩니다.

따라서 오염 물질이 계속 나오게 되면 동식물이 숨이 막혀 죽게 될지도 모릅니다. 이와 같은 오염 정도는 화석 연료를 사용하는 발전소나 도시 근방일수록 더욱 심하죠.

자동차는 우리의 산업 활동이나 교통에 크게 이바지하고는 있지만 이산화탄소, 아황산가스 등 오염 물질을 제일 많이 배출하기 때문에 모든 생명체에 심각한 위협을 주고 있습니다.

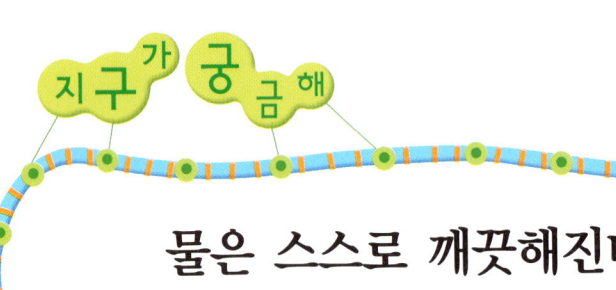

물은 스스로 깨끗해진다고요?

강물은 스스로를 맑게 하는 기능을 가지고 있습니다. 강물이 깨끗해지는 데에는 강물 속에 살고 있는 미생물의 영향이 커요. 이들의 모습은 보통의 눈으로는 볼 수가 없을 정도로 작지만 그 힘은 대단하죠.

이 미생물들은 강물에 들어온 많은 양의 유기 물질을 산소를 이용하여 먹어치웁니다. 따라서 강물 속에 많은 양의 유기 물질이 녹아 있으면 그만큼 더 많은 양의 산소가 필요하게 되죠. 그리고 물속의 미생물들이 산소를 모두 사용하고 나면 죽게 됩니다.

그렇게 되면 이번에는 산소가 없어도 활동할 수 있는 미생물들이 나타나게 됩니다. 이런 미생물들은 유기물들을 분해하는 속도가 매우 느리기 때문에 물에서는 악취가 풍기며 썩게 되죠.

우리들이 하수구로 버리는 음식 찌꺼기와 가축들의 분뇨 등은 유기물이 많기 때문에 미생물들의 아주 좋은 먹이가 된답니다.

도시에 더운 섬이 있다고요?

온실 효과 등으로 도심 지역의 기온이 도시 외곽 지역보다 3~4℃ 높은 현상을 '열섬 현상'이라고 합니다.

도시에는 냉난방이나 자동차 배기열과 도로의 지열 등 인공열이 발생해요. 대기 오염 등으로 생긴 온실 효과 때문에 한 부분만 특히 더워져 마치 섬 같다는 뜻으로 열섬이라고 부르게 된 거예요.

도시의 열섬 현상은 여름보다 겨울철에 더욱 심하게 나타납니다. 하지만 여름에는 해가 진 후에도 기온이 떨어지지 않는 열대야 현상이 나타나기도 하죠. 또 인구 밀도가 높고 건물이 빼빼이 들어차 있는 지역일수록 크게 나타난다고 해요.

열섬의 중심부와 주변 지역 간의 기온 차는 심할 경우 10℃에 육박하는 경우도 있다고 합니다.

특히 오후에는 도심 교통량이 많고 건물 난방 장치에서 배출하는 열이 많아 기온 차가 크답니다.

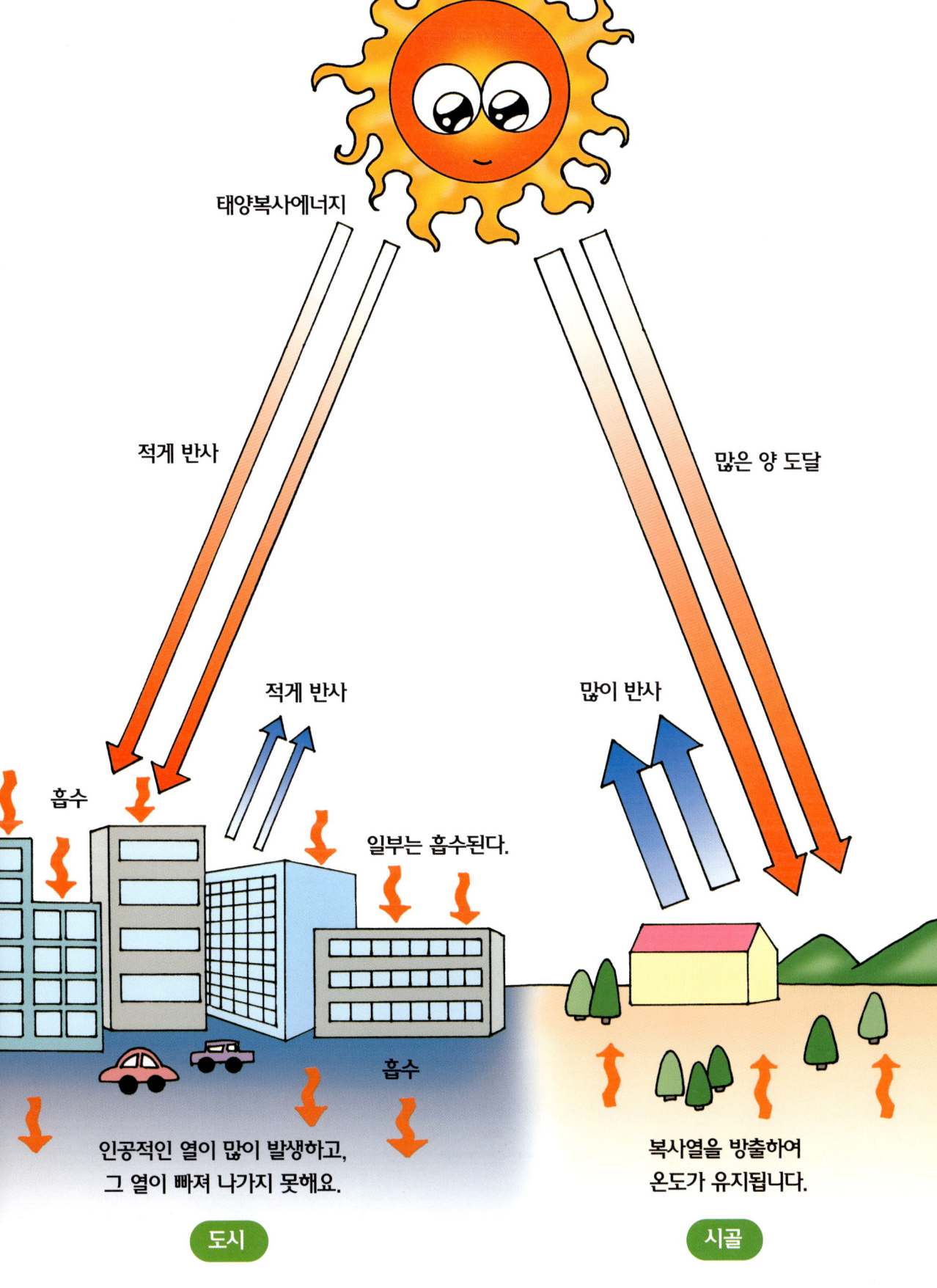

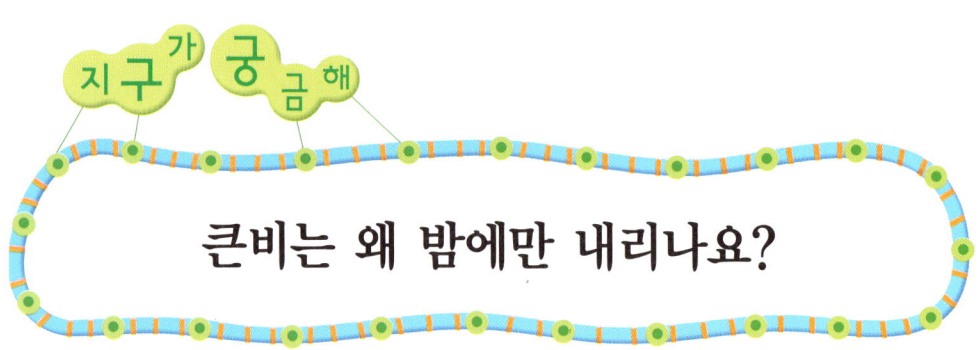

큰비는 왜 밤에만 내리나요?

이상하게도 큰비는 밤에 자주 옵니다. 그 이유는 낮과 밤의 온도 차이로 밤에 많은 구름이 만들어지기 때문입니다.

낮 동안에 구름은 뜨거운 태양열을 받기 때문에 더워집니다. 이 구름의 밑에 있는 땅도 낮에 더워졌다가, 밤이 되면 복사열을 방출해 구름의 밑부분을 가열하게 되죠.

반면에 구름이 없는 지역은 밤이 되면 지표면의 온기가 그냥 대기 속으로 사라지게 됩니다. 그러므로 구름이 있는 곳과 없는 곳의 온도차가 생기게 되는 것입니다.

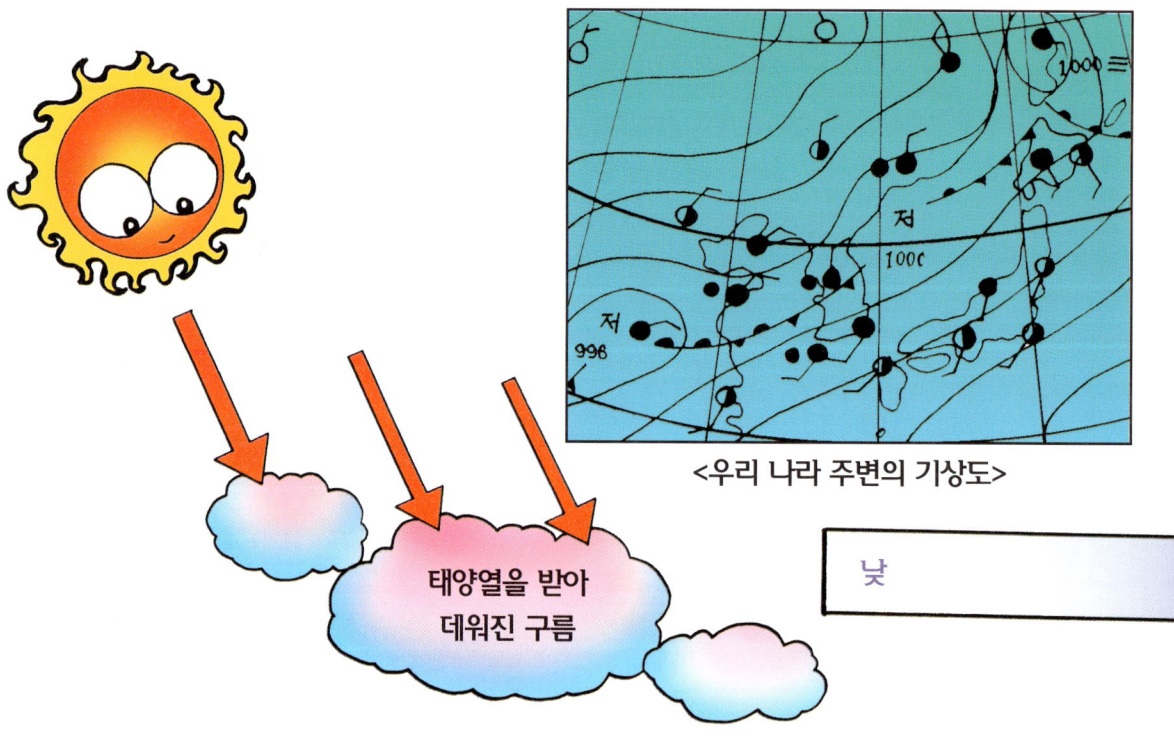

<우리 나라 주변의 기상도>

태양열을 받아 데워진 구름

낮

지표면도 태양열로 데워집니다.

이렇게 온도차가 생기면 구름은 더 발달해요. 찬 공기를 만난 구름 속의 수증기가 응결되면서 이것이 물방울로 변하면 비를 뿌리게 되는 것입니다.

우리 나라는 북태평양 고기압의 가장자리에 위치해 있기 때문에 대기가 불안해지면 그 틈을 타서 따뜻한 북태평양 저기압이 유입되지요. 더운 공기를 품은 구름대가 만들어지기 때문에 곳에 따라서 많은 비가 내리게 되는 것입니다.

식물은 어떻게 환경을 살릴까요?

중국에서 날아든 황사는 단순한 모래바람만이 아니에요. 황사는 구리와 아연, 망간 등 중금속 성분을 다량 함유하고 있어 인체에 치명적인 영향을 끼칠 수 있습니다.

이런 중금속 물질들은 대기 중에서 토양은 물론이고 수질까지 오염시켜요. 그렇게 광범위하게 깔린 중금속 물질을 한꺼번에 제거하는 것은 거의 불가능합니다. 식물은 독성 폐기물들을 제거하는 데 미생물만큼 효과적이지는 못 하지만 열악한 환경에서도 상대적으로 잘 자라며 환경을 깨끗이 합니다.

오염 물질을 제거하는 대표적인 식물로는 우라늄과 납을 흡수하는 해바라기, 방사능 오염 물질을 제거하는 유채씨, 비소(As)를 영양으로

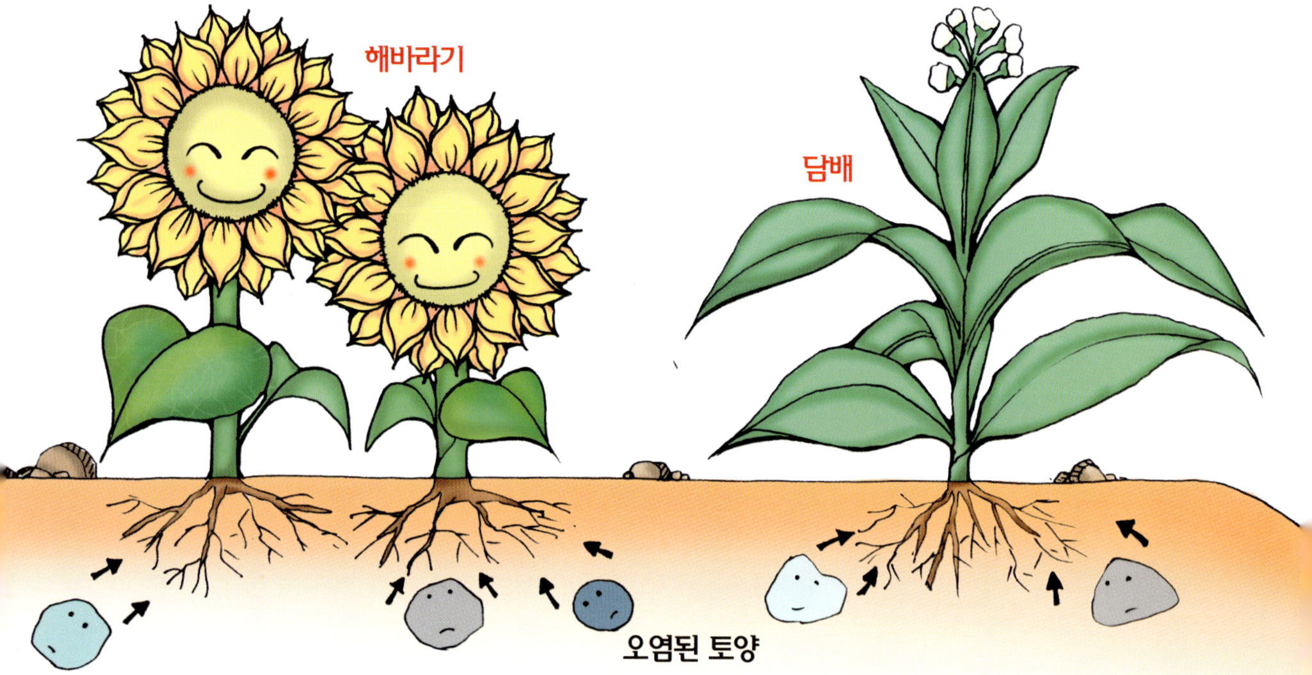

해바라기

담배

오염된 토양

빨아들이는 양치식물 등이 대표적입니다.

겨자는 납을, 클로버는 기름을, 포플러는 드라이 클리닝 용재를 파괴하고 제거하는 데 쓰입니다.

이런 식물은 생물의 특성만으로도 오염 물질을 분해하고 제거하지만, 유전자를 조작하면 더욱 놀라운 기능을 발휘하게 된다고 해요.

토양의 중금속이나 독성 물질을 제거하는 유전자 조작 식물로 널리 알려진 것이 담배입니다. 유전자 조작 담배는 군사 훈련 지역이나 방위 산업체 등에서 나오는 질소계의 폭발물을 토양에서 효과적으로 제거하고 있습니다. 담배는 질소계 폭발물이 조금이라도 있는 지역에서 자라지 못하지만, 유전자 조작 담배들은 악조건에서도 정상적으로 자라면서 폭발 물질을 흡수합니다.

육지의 폐수가 흘러드는 바닷가 습지의 오염을 막기 위해 갈대를 대량으로 심는다면 자연의 힘을 빌려 지구 환경을 보전할 수도 있습니다.

겨자

클로버

유채씨

양치식물
(고사리류)

물옥잠 / 갈대

논이 댐보다 더 큰 저장고라고요?

흔히 논이란 벼를 길러 내어 쌀만 제공해 주는 것으로 알고 있지만 사실 논은 엄청난 힘을 가지고 있답니다.

그 중 가장 중요한 것이 홍수 조절과 물의 저장 능력입니다.

논둑의 평균 높이가 26cm인 우리 나라의 논은 비가 왔을 때 가둬 둘 수 있는 물의 양이 자그마치 1ha당 2천4백여t이래요. 이를 우리 나라 전체 논 면적인 116만ha로 계산한다면 홍수 때 논의 저수량은 자그마치 약 28억t이나 됩니다. 이는 춘천댐 저수량인 1.5억t에 비해 무려 18배나 많은 양입니다. 같은 양의 물을 가두기 위하여 댐을 만든다면, 약 12조 2천억 원이라는 막대한 자금이 들 것입니다. 이렇게 큰일을 논이 맡고 있는 것입니다.

또한 논은 대기 정화 기능도 탁월합니다. 우리 나라 논에서 재배되고 있는 벼는 연간 1천4백여만t입니다. 이 벼들이 이산화탄소를 흡수하는 약 1천만t의 산소를 공기 중으로 내보내 주는 역할도 하고 있습니다.

또 논은 농촌 경관 유지와 생태계 보전 등 사회 문화적 기능도 하고 있지요.

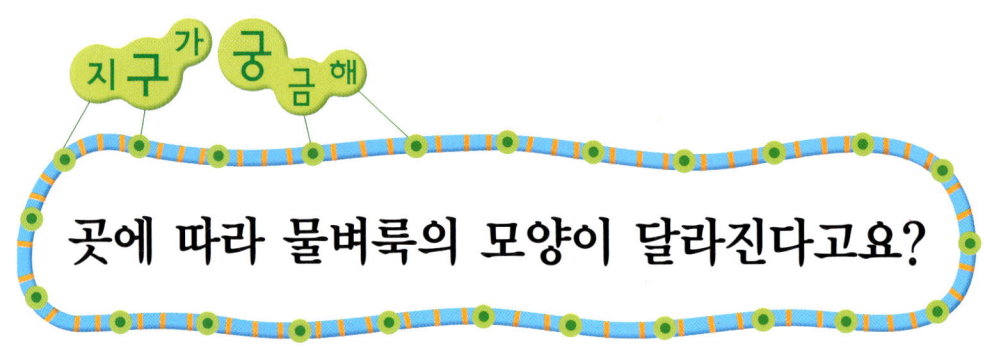

곳에 따라 물벼룩의 모양이 달라진다고요?

물벼룩의 생김새

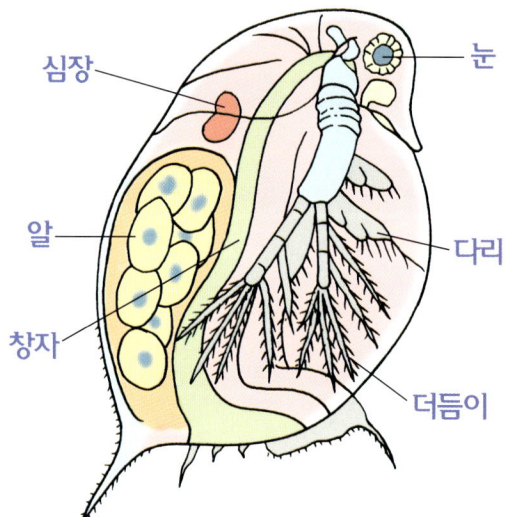

○ 둥글고 작으며 벼룩과 비슷한 모양입니다.
○ 몸 속이 잘 보입니다.
○ 움직일 때는 톡톡 튑니다.
○ 먹이는 녹색말입니다.
○ 5쌍의 다리가 있습니다.
○ 낮에는 물 속으로 내려가고 밤에는 물 표면으로 올라옵니다.
○ 어른 물벼룩이 되면 2~3일마다 알을 낳고 40일 정도 살다가 죽습니다.

　물벼룩의 생김새는 벼룩과 비슷한데 몸길이는 1.2~2.5mm이며 반투명하나 몸빛은 무색, 담황색, 담홍색 등의 여러 가지예요. 생긴 모양은 먹이와 계절 또는 주위 환경이나 조건에 따라 달라집니다.

　일반적으로 겨울에는 몸집이 작아졌다가 여름이 되면 커지는데, 배 밑 끝에는 큰 꼬리가 있고, 배에 있는 다섯 쌍의 나뭇잎 모양의 다리로 뛰듯이 물 속을 헤엄치면서 다닙니다.

　물벼룩은 유기물이 많이 있는 민물에서 사는 것으로, 물고기의 먹이가 됩니다.

　특히 금붕어의 먹이로 이용하기 위하여 인공적으로 기르기도 해요. 물벼룩은 물 속에서 규칙적으로 천천히 왕복 운동을 계속하는 것이 가장 큰 특징입니다.

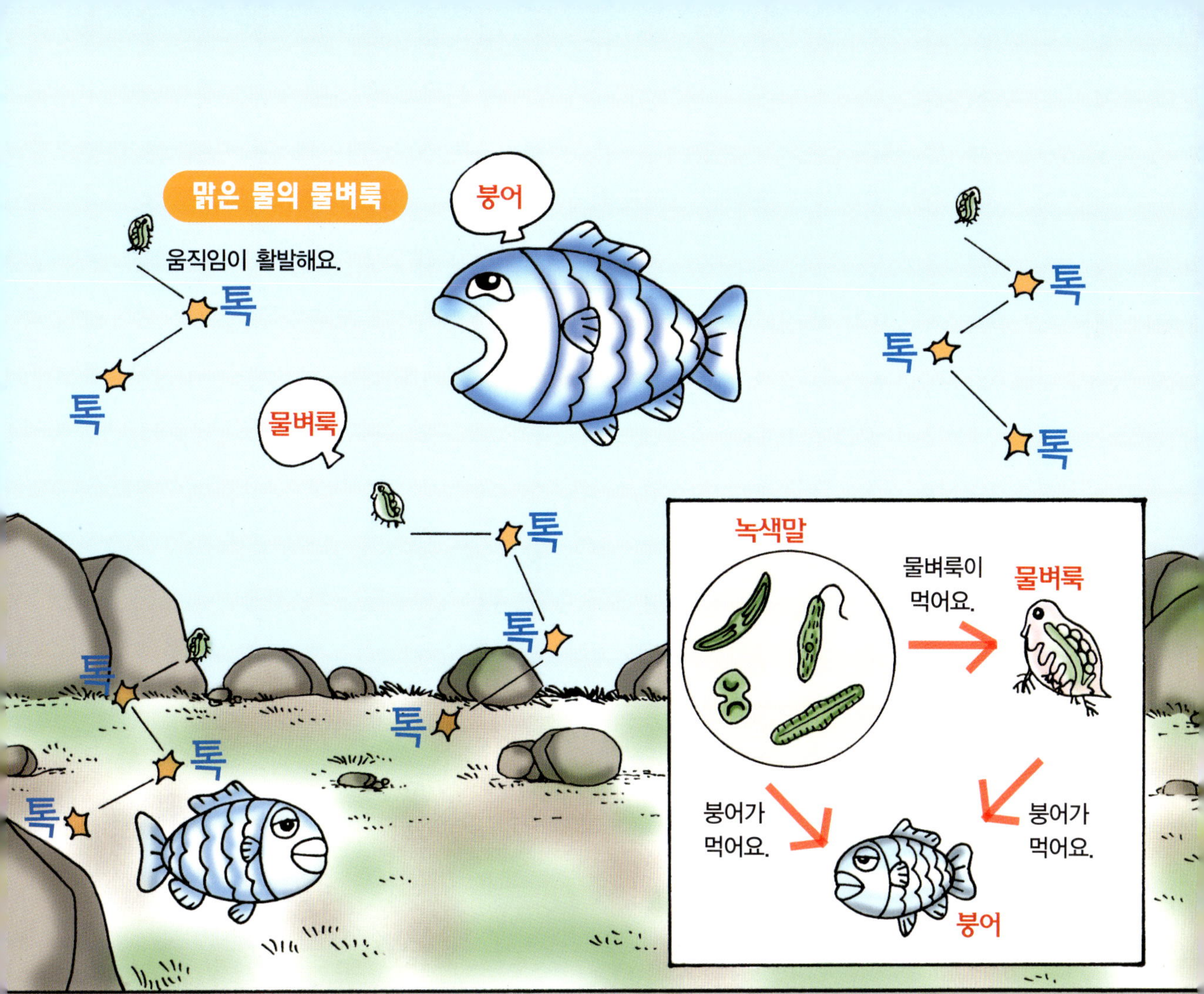

부레옥잠이 오염된 수질을 정화한다고요?

오염된 물 위에 떠 있는 부레옥잠은 질소와 인산을 빨아들여 수질을 개선하는 역할을 한다고 합니다. 그래서 오염도를 낮출 수 있는 것입니다.

그러나 증식과 성장이 빠른 부레옥잠을 폐수 정화에 이용한 뒤에는 거두어들여야 해요. 이 엄청난 양의 부레옥잠을 어떻게 활용하여야 할 것인가는 폐기물 처리에 못지않게 중요한 일이라고 해요.

부레옥잠을 수확하여 퇴비로 만들어 사용한다면 상당한 양의 화학 비료를 대체할 수 있고, 토양에 유기물을 공급해 주는 효과를 기대할 수는 있습니다.

부레옥잠은 수온이 20℃ 이상이라야 잘 자라며, -3℃가 되면 동해를 입게 되므로 우리 나라의 대부분 지역에서는 자연 상태에서의 증식과 보존은 어려운 실정이죠.

부레옥잠이 겨울을 나려면 아주 따뜻한 남부 지방이나 제주 지역으로 가거나 비닐 하우스 안에서 길러야 합니다.

부레옥잠은 세계 10대 문제 잡초로 꼽

공장 폐수

부레옥잠 1ha에 50t의 물을 정화할 수 있어요.

힙니다. 외국에서는 관개 수로의 물 흐름을 막거나 배의 운항에 지장을 주기도 하며, 강어귀에 지나치게 무성하게 자라서 물고기의 산란이나 산소 공급을 방해하고, 수력 발전에 지장을 주는 경우도 있다고 합니다.

오존은 어떤 피해를 주나요?

오존이 처음 발견된 것은 18세기입니다. 물리학자들의 전기 방전 실험을 할 때 이상한 냄새가 나서 오존의 존재가 드러나게 된 것입니다.

오존은 박테리아 같은 미생물에게는 치명적인 존재이므로 살균제로 사용될 수 있습니다. 또 여러 악취가 나는 분자들과 결합해서 악취가 나지 않는 분자로 만들 수 있으며, 공업 원료로도 많이 사용될 수 있지요.

오존은 자동차 등에서 배출되는 질소 산화물과 휘발성 유기 화합 물질이 강한 햇빛과 반응하여 생성되며, 햇빛이 강하고 온도가 높은 여름철에 특히 많이 발생됩니다.

오존은 인간에게 해를 입히기도 합니다. 인체가 오존에 반복 노출되면 영구적으로 해를 입게 되지요. 낮은 농도를 흡입할 때는 가슴 통증, 기침, 메스꺼움, 소화에 영향을 미치며 기관지염, 심장 질환, 폐기종 및 천식을 악화시키고, 폐활량을 감소시킵니다.

특히 기관지 천식 환자나 호흡기 환자, 어린이, 노약자 등에게는 많은 영향을 미치므로 주의할 필요가 있답니다.

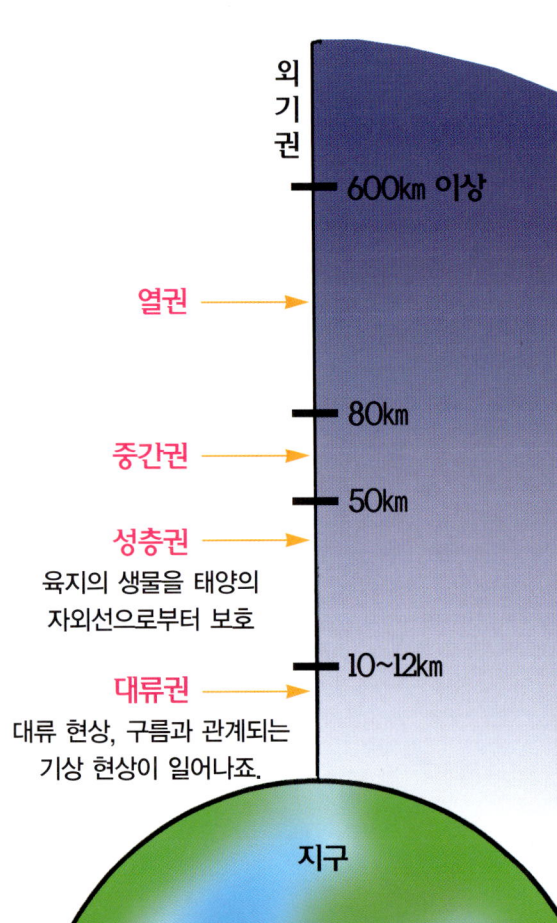

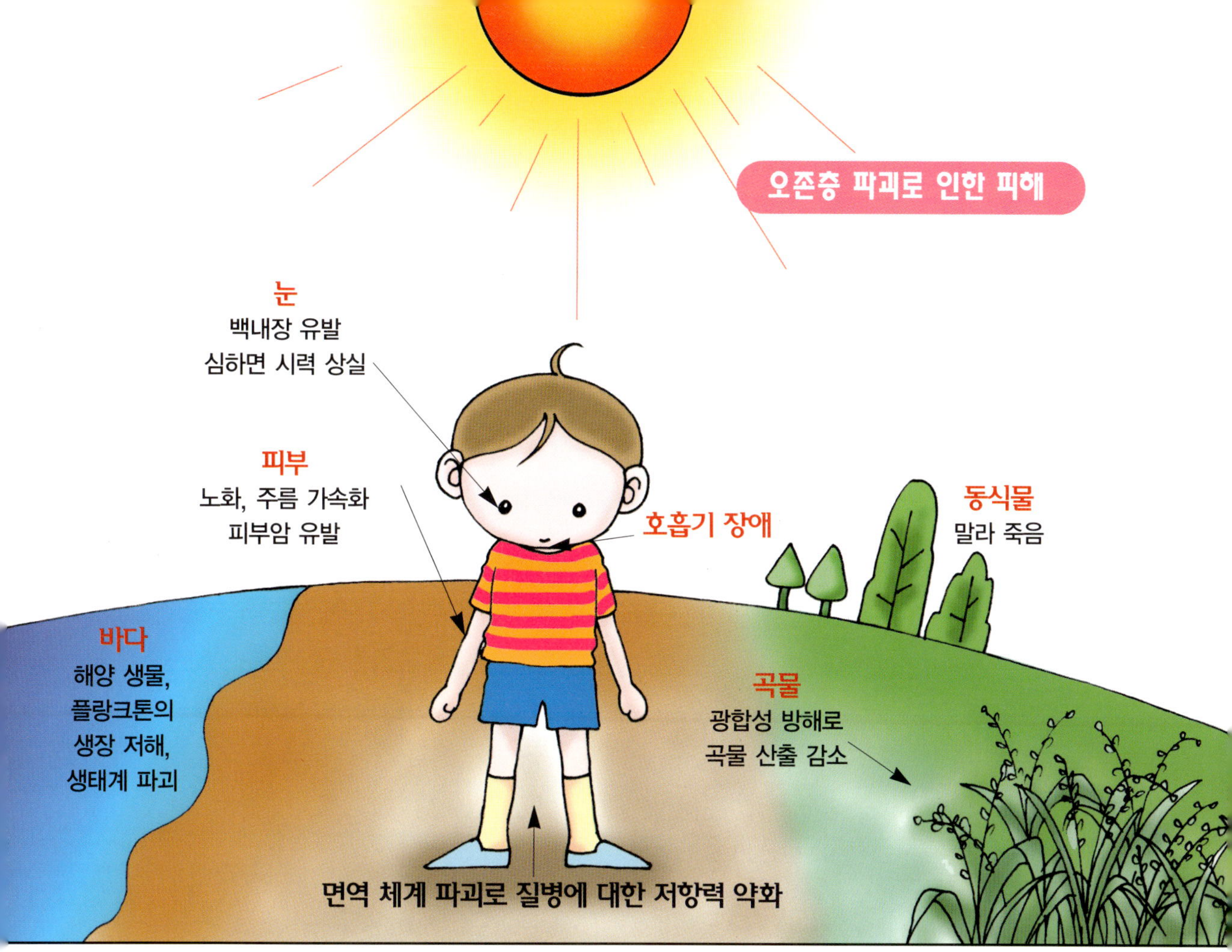

오존층 파괴로 인한 피해

눈 — 백내장 유발, 심하면 시력 상실

피부 — 노화, 주름 가속화, 피부암 유발

호흡기 장애

동식물 — 말라 죽음

바다 — 해양 생물, 플랑크톤의 생장 저해, 생태계 파괴

곡물 — 광합성 방해로 곡물 산출 감소

면역 체계 파괴로 질병에 대한 저항력 약화

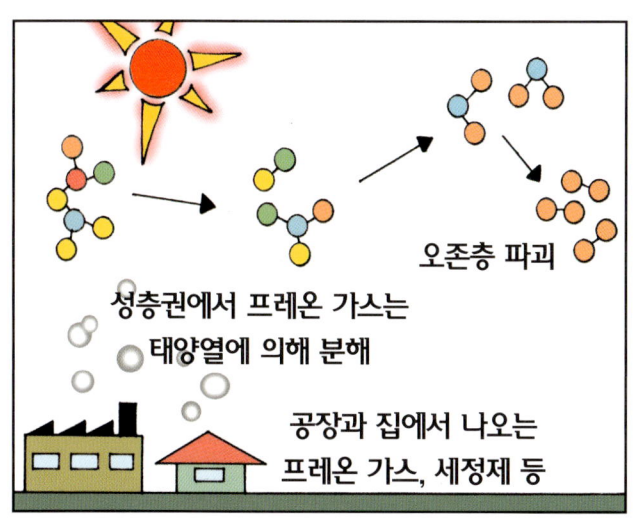

<오존층이 파괴되는 원리>

오존층 파괴

성층권에서 프레온 가스는 태양열에 의해 분해

공장과 집에서 나오는 프레온 가스, 세정제 등

오존의 어원은 그리스 어인 'OZEIN(냄새나다)'이에요. 여름철 천둥 번개를 동반한 비가 온 후에 신선하고 상쾌하다고 표현되는 냄새가 오존의 냄새입니다.

동식물들이 사라져 가고 있다고요?

지구에 생물이 살기 시작한 지는 1억 5천만 년 정도가 된다고 합니다. 그리고 현재 지구상에 살고 있는 생물의 종은 약 6,000만 종으로 추정되죠.

그러나 열대 지방이나 깊은 바닷속과 같이 아직 자세하게 조사되지 않은 지역이 많고, 미생물이나 곤충 등과 같이 조사하기 힘든 생물들도 많기 때문에 현재 조사되어 있는 것은 약 150만여 종에 그치고 있습니다.

그러나 이 많은 생물들이 점점 사라져 가고 있다고 합니다.

1990년 한국 자연 보존 협회의 발표에 따르면 우리 나라에 살고 있는 생물 중 동물 138종과 식물 36종 등 총 174종이 멸종의 위기에 처해 있다고 해요. 호랑이를 비롯한 몇 종은 이미 멸종되었습니다.

1980년에는 전세계적으로 매년 25,000에서 30,000종의 생물이 사라져 가고 있다는 미국 정부의 보고서도 있었습니다.

이런 식으로 계속 사라진다면 얼마 안 있어 지구상의 모든 생물 종 가운데 10~20%의 생물이 사라지게 될 거예요.

이렇게 동식물들이 사라지는 이유는 무분별한 자연 파괴와 몸에 좋다면 마구 잡아먹는 몰지각한 사람들 때문이에요.

지구의 환경이 안정된 상태로 이어져 나가기 위해서는 다양한 생물들이 살 수 있는 자연 환경을 만들고, 멸종 위기에 처한 동물을 잘 보호해야 합니다.

반달가슴곰

딱따구리

동식물들이 지구상에서 사라지는 이유

1. 몸에 좋다고 희귀종을 마구 밀렵
2. 지구 환경 오염에 의한 생태계 파괴
3. 개인 욕심에 의한 식물 채취, 훼손

수달

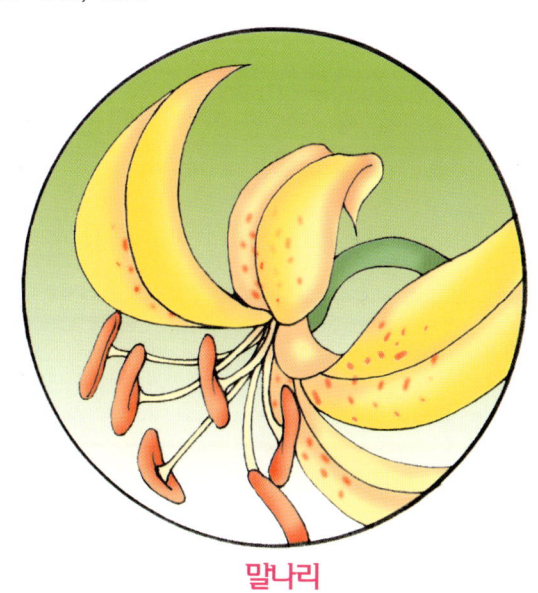

산양

말나리

바다가 궁금해

용승류는 표면의 바닷물과 바다 밑의 물이 자리바꿈하는 것입니다.
바다 밑에서 올라온 영양 염류와 풍부한 태양 에너지로 플랑크톤의 번식이 쉬워지고, 그 플랑크톤을 먹기 위해 물고기들이 많이 모여들게 됩니다.

– '수온은 어장 형성에 어떤 영향을 미칠까요?' 중에서

물은 투명한데 바다는 왜 파랗죠?

바다가 파랗게 보이는 이유는 바닷물이 햇빛에 있는 색 중에서 파란색만 반사하고 다른 모든 색은 흡수하기 때문이에요.

물은 파장이 짧은 것은 반사하고, 긴 것은 받아들이는 특성을 갖고 있기 때문에, 파장이 긴 빨간색 등은 흡수하고, 파장이 짧은 파란색이나 초록을 반사하는 것입니다. 따라서 우리 눈에는 파란색만 들어오는 거예요.

적도 부근의 바닷물은 남색으로 보이지만, 북극이나 남극 쪽으로 갈수록 바다의 빛깔은 점점 옅은 색을 띄게 됩니다. 이러한 이유는 바다에서 살고 있는 생물들의 영향 때문이에요.

그리고 대서양의 바다는 갈색 또는 빨간 줄무늬가 자주 나타난다고 합니다. 그 이유는 고래들의 먹이인 갈조 때문인데 플랑크톤 같은 생물이 활발하게 활동하고 숫자가 늘어나게 되면 그 지역의 빛깔은 잠시 동안 다른 색으로 변하는 것입니다.

또 어떤 경우에는 바닷물 빛깔이 진한 초록으로 변하기도 해요. 초록 플랑크톤이 갑자기 많이 불어나서 생기는 현상으로, 녹조 현상이라고 합니다.

바다가 우윳빛으로 보이는 것은 하얀색의 탄산칼슘이 물 밑으로 가라앉았기 때문입니다.

지구엔 얼마나 많은 양의 얼음이 있나요?

산 정상에 오랫동안 눈이 쌓인 것을 빙하라고 합니다. 빙하가 오래 되어 무거워지면 산의 경사진 면을 따라 서서히 아래로 흘러내려가게 됩니다. 아래로 흘러내린 빙하는 평평한 평지를 지나가기도 하고 내려오던 탄력

때문에 심지어는 약간 경사진 곳을 거꾸로 올라가기도 한대요.

알프스에서는 일 년에 수만 번의 눈사태가 일어나는데, 때로는 총을 쏘아서 일부러 소규모의 눈사태를 일으키기도 한답니다. 대형 사고를 미연에 막기 위해서예요.

-80℃가 되는 남극에는 전세계 얼음의 90% 이상이 모여 있습니다.

남극의 얼음은 4,000~5,000m의 두께를 가진 것도 있어요. 남극 대륙 위에 얹혀 있는 얼음의 총량을 따지면 약 20조t이나 된다고 합니다.

만약 남극의 얼음이 모두 녹게 되면 바다 전체의 수면이 약 55m나 높아진다고 합니다. 계산대로라면 서울의 경우에는 오직 남산이나 관악산, 북악산만 남게 되는 거예요.

오염으로 발생하는 탄소 알갱이가 하늘 높이 올라가 태양의 빛을 가로막아 지구가 오히려 추워진다는 주장이 있습니다. 그 주장은 얼음의 양이 자꾸 늘어나 해면의 높이가 100m나 낮아질 수 있다는 거지요.

사해가 죽은 바다라고요?

사해는 요르단과 이스라엘의 국경으로 나뉘어지는 호수예요. 물에 떠서 책이나 신문을 보는 이상한 모습을 쉽게 볼 수가 있는 곳이지요. 다른 호수나 바다와 달리 특히 많은 양의 소금을 포함하고 있기 때문입니다. 소금의 양이 많을수록 부력도 커지거든요.

하지만 워낙 물이 짜기 때문에 주변에 생물이 살 수 없어요. 그래서 사해(죽은 바다)라는 무시무시한 이름이 붙게 된 것이지요.

또 사해에는 소금 외에도 마그네슘, 칼륨, 유황, 브롬 등 숱한 광물질이 녹아 있으므로 피부병과 기관지, 알레르기 증상에 치료 효과가 뛰어납니다. 특히 마그네슘 함양은 일반 바다보다 15배나 많으며, 신경을 안정시키는 브롬은 50배나 많이 들어 있습니다. 그래서 사해의 물 속에서 쓸 만한 광물질을 뽑아 내 제품을 만들어 사용하고 있습니다.

또 사해에는 검은색 진흙이 유난히 많은데, 이 진흙은 피부 미용에 좋다고 알려져 있으며, 아주 옛날 이집트의 클레오파트라도 사해 진흙으로 아름다운 피부를 가꾸었다고 전해집니다.

낮은 습도, 일관되게 높은 온도, 소량의 비, 높고 부분적인 산소 압력 등, 사해 지역의 독특한 기후적 특징도 중요한 역할을 합니다.

깊은 바닷속 생물들은 어떻게 살아갈까요?

바닷속 깊숙이 들어가면 햇빛과 햇볕이 들어오지 않아요. 에너지가 전달될 수 없다는 이야기지요.

아무리 바닷물이 맑아도 수면에서 200m 이상 깊숙이 들어가면 육안으로 어떤 빛도 볼 수가 없습니다.

또 태양열도 수면 상층부에서 모두 흡수되어, 심해의 수온은 항상 빙점에 가까워요. 수압도 엄청나게 높아 10m 깊어질 때마다 ㎠당 1.1kg씩 증가하여, 해저 3,000m에서 1㎠가 받는 압력은 거의 350kg에 이른다고 합니다.

이런 혹독한 환경에서도 바다 밑의 동물들은 생존하는 방법을 터득하며 살아왔습니다.

우리는 전혀 앞을 못 보지만, 대부분의 심해 동물들은 인간의 눈에는 감지되지 않는 아주 희미한 빛으로도 물체를 보는 능력이 있다고 해요.

또 몸 전체에 산재해 있는 특수한 세포로 스스로 빛을 내기도 한답니다.

빛이 닿지 않는 심해에는 어떤

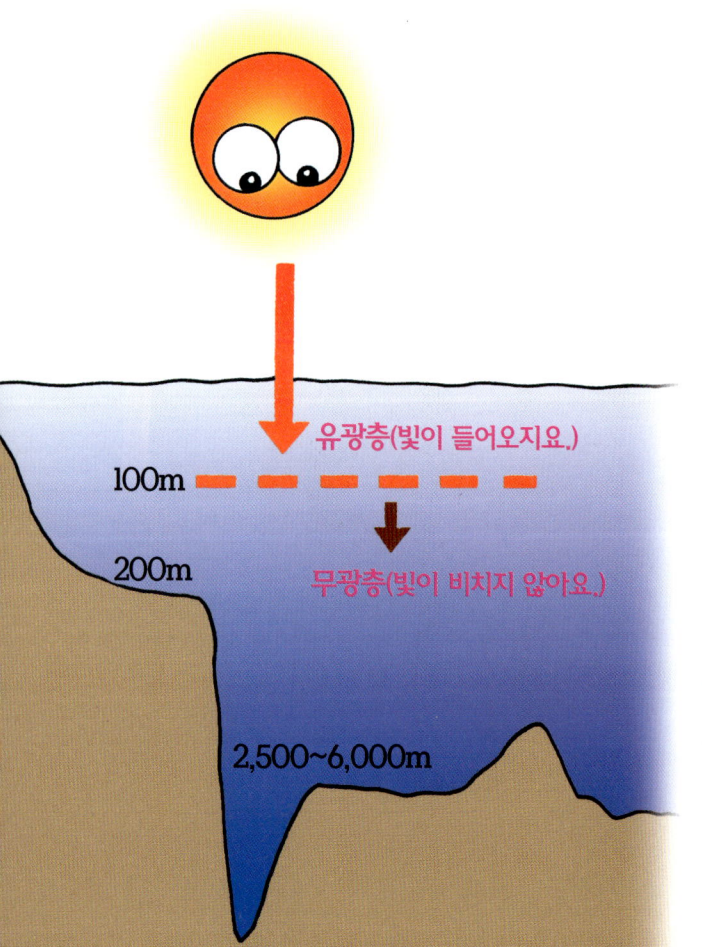

바닷물도 0℃에서 어나요?

순수한 민물은 0℃가 되면 얼기 시작해요. 하지만 바닷물은 소금물이기 때문에 어는점이 내려간답니다. 바다의 평균 염도를 35‰라고 볼 때, 바닷물의 어는점은 -1.91℃가 됩니다. 하지만 기온이 -10℃ 이하로 내려가도, 바다는 더 이상 얼지 않고 그대로 있어요.

순수한 물은 4℃일 때가 가장 무겁고, 4℃ 이하로 온도가 떨어지면 다시 가벼워집니다. 바깥 기온이 떨어져 수면의 온도가 내려가면 표면에 있는 물의 무게는 무거워져서 바닥으로 가라앉고, 바닥에 있는 가벼운 물은 위로 떠오르게 됩니다. 이러한 대류 현상은 전체 물의 온도가 4℃가 될 때까지 계속됩니다. 호수 표면의 물의 온도가 4℃ 이하가 되면 호수 아래 부분에 있는 물의 무게보다 가벼워지기 때문에 더 이상 대류 현상은 발생하지 않고 호수 표면에 그대로 머물게 되어 표면부터 얼기 시작하죠.

그런데 염분을 가진 바닷물이 가장 무거울 때가 -1.91℃예요. 하지만 바다는 너무나 넓고 깊기 때문에 바닷물 전체를 -1.91℃로 내려가게 하는 데는 아주 오랜 시간이 걸리게 됩니다. 바닷물의 온도가 -1.91℃로 내려가기 전에 또다시 봄이 오기 때문에 좀처럼 어는 것을 볼 수가 없는 거예요.

북위 43도에 있는 러시아의 블라디보스토크 항은 11월부터 다음 해 3월까지 얼어붙는 항구예요. 하지만 더 북쪽에 있는 노르웨이의 함메르페스타(북위 70도) 항이나 러시아의 무르만스크(북위 69도) 항은 난류의 영향으로 겨울에도 얼지 않습니다.

바닷물고기는 어떻게 짠물에서 숨을 쉬죠?

물고기들은 몸 속의 염분 농도를 바닷물보다 낮게 유지하면서 살아가지요.

우선 물고기의 아가미에 있는 염세포를 통해 염류를 밖으로 배출합니다. 또 적지만 짙은 염분의 오줌을 배출하여 항상 일정하게 몸 속의 염분 농도를 조절하지요.

물고기는 입을 열고 산소가 들어 있는 물을 빨아들여요.

그 물은 아가미를 지나서 아가미 뚜껑 뒤에 있는 작은 방에까지 끌어올려집니다.

한편 아가미 안에 있는 가는 모세 혈관을 흐르는 피는 쓸모 없는 이산화탄소로 가득 차 있으며, 산소가 거의 없는 실정이거든요. 그 때 산소가 부족한 피와 산소가 가득한 깨끗한 물 사이에서 이산화탄소와 산소의 교환이 일어나게 된답니다.

이런 과정을 거친 아가미의 피는 산소가 많아져 다시 깨끗하게 되고, 이산화탄소로 가득 찬 물은 물고기의 입이 닫힐 때, 아가미 뚜껑 뒤에 있는 구멍을 통해 밖으로 빠져 나가게 돼요.

이와 같이 복잡한 과정을 거쳐서 바닷물고기는 항상 일정하게 몸 속의 염분 농도를 조절하며 아무 탈 없이 살아가고 있는 것입니다.

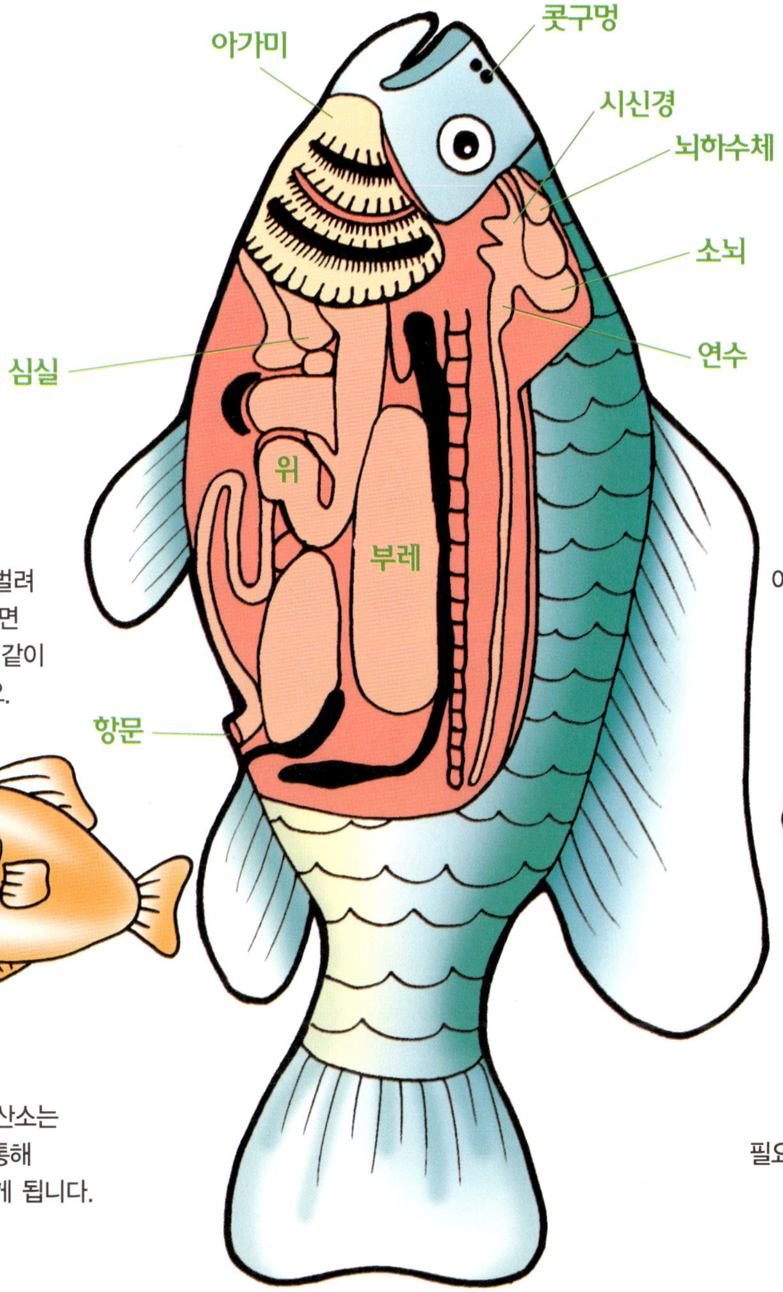

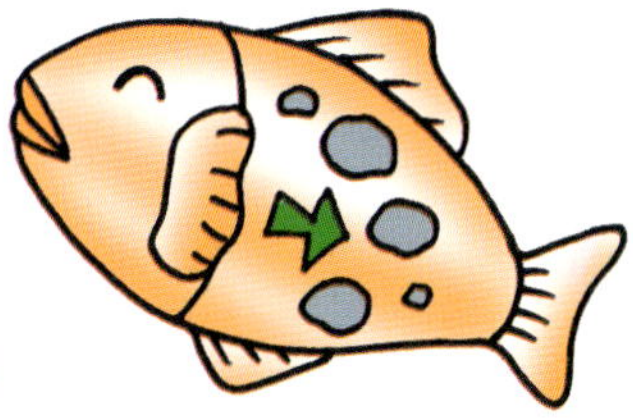

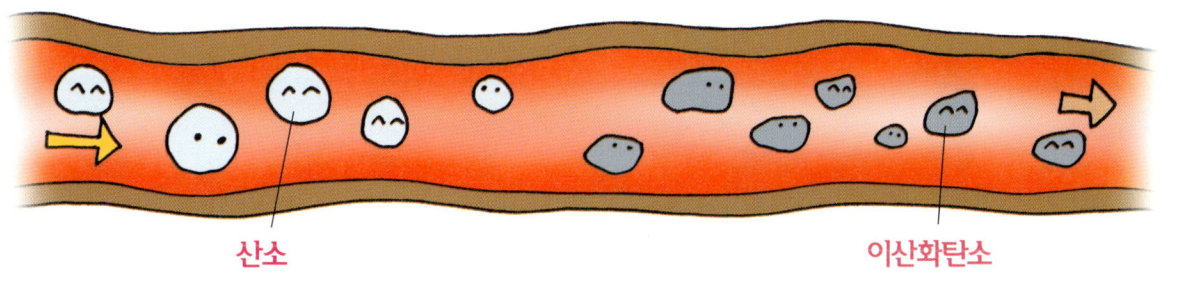

바닷물은 왜 흘러가나요?

고요하게만 보이는 바닷물도 조금씩 흐른답니다. 강물같이 일정한 방향으로 흐르지는 않지만, 정지해 있지 않고 항상 움직이며 흐르고 있습니다.

바닷물을 보면 출렁거리기만 하고 위아래로만 움직이고 있는 것 같아 보이지만 밀물과 썰물 같은 조수의 흐름도 있고, 일정한 방향으로 움직이는 해류도 있습니다.

바닷속에서 흐르고 있는 큰 물줄기를 해류라고 하는데 이것은 주위의 바닷물보다 빠른 속도로 흐르고 있습니다.

해류는 곳에 따라 그 속도가 10km/h인 것도 있고, 또 그 이상의 속도로 흐르는 것도 있어요. 해류의 폭도 수십km에서 수백km에 달하며, 깊이도 수백m나 되는 것이 있습니다.

해류는 바다 위로 끊임없이 부는 바람과 여러 가지 다른 요인들 때문에 생깁니다.

해류의 종류에는 난류와 한류가 있어요. 더운 적도 지방에서부터 흘러오는 따뜻한 바닷물의 흐름이 난류고, 추운 북반구 쪽에서 흘러오는 찬 바닷물의 흐름이 한류입니다.

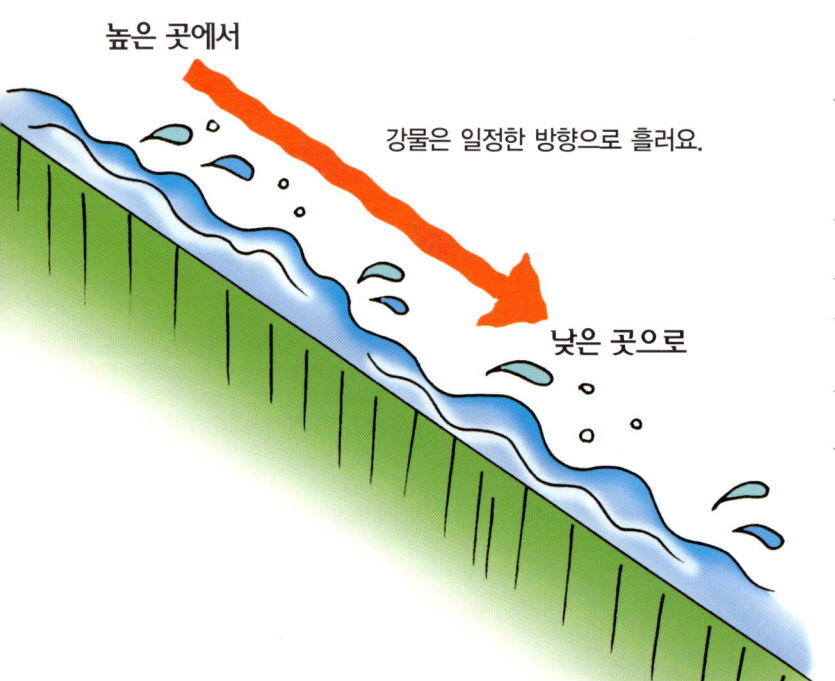

높은 곳에서
강물은 일정한 방향으로 흘러요.
낮은 곳으로

대표적인 한류로는 북대서양의 래브라도 해류, 남태평양의 페루 해류, 북태평양의 쿠릴 해류 등이 있고, 대표적인 난류로는 태평양의 쿠로시오 해류, 대서양의 멕시코 만류 등이 있습니다.

남대서양, 북태평양, 남태평양, 인도양, 북대서양 등에는 수레바퀴처럼 흐르는 해류가 있다고 해요.

해류의 종류

바람에 의해 형성 → **취송류**
압력의 차이에 의해 형성 → **지형류**
바람, 기압, 강물의 유입 등으로
해면이 높아져 경사가 생김 → **경사류**
수온과 염도의 변화로 생긴 밀도차 → **밀도류**

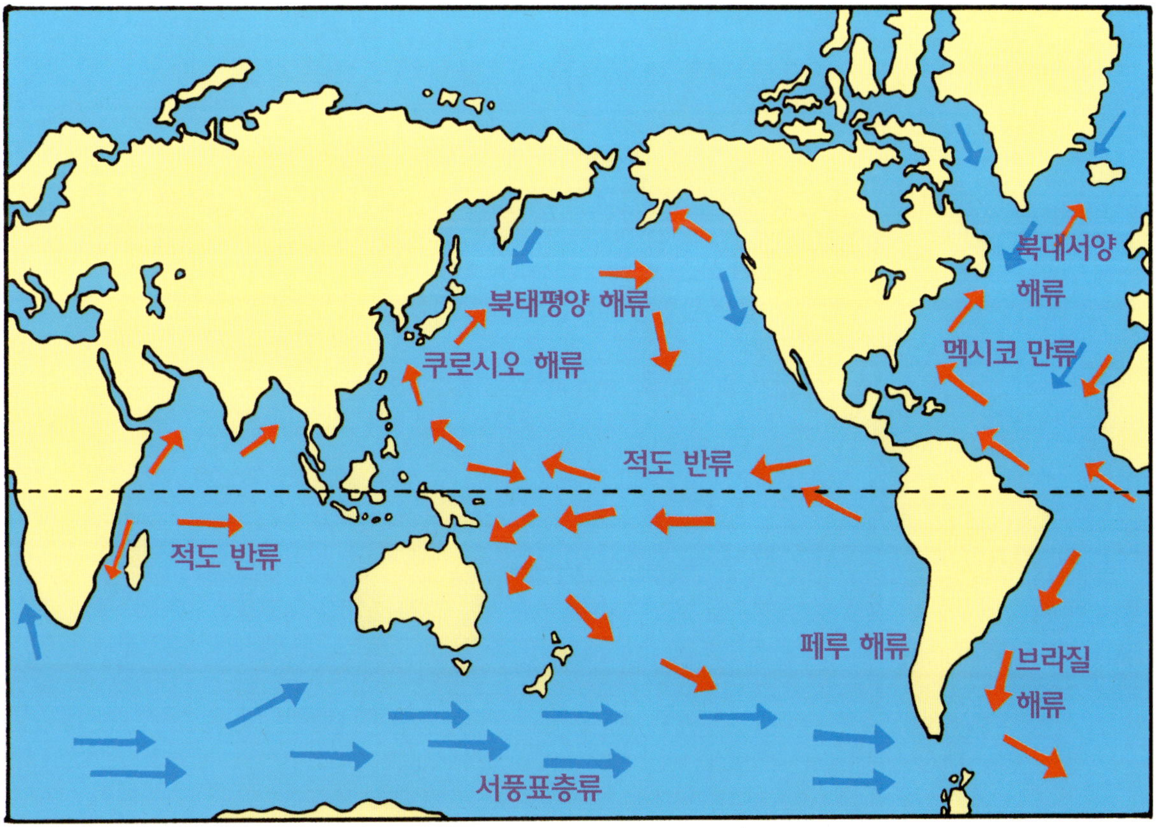

대륙붕이 보물 창고라고요?

대륙붕은 섬이나 대륙 부근에 깊이가 200m 미만인 얕은 바다를 말해요. 경사가 완만한 대륙붕이 끝나는 지점부터 갑자기 경사가 급해져서, 매우 깊은 바다가 된답니다.

대륙붕에는 수많은 식물성 플랑크톤이 살고 있으며, 광합성 작용이 잘 되죠. 바닷물의 온도가 생물의 성장에 알맞은 곳이기 때문에 여러 종류의 바다 식물이 자라고 있습니다. 또한 플랑크톤이 풍부하므로, 플랑크톤을 먹이로 하는 많은 종류의 어류가 서식하고 있습니다.

대륙붕의 폭은 대륙붕과 인접하고 있는 육지의 지형이나 지질 구조와 밀접한 관계가 있는데, 세계 모든 대륙붕의 대략적인 평균 폭은 약 75km입니다.

우리 나라의 대륙붕은 남해안과 서해안 지역에 잘 발달되어 있습니다. 그 이유는 이 곳이 지형적으로 평야 지역이기 때문입니다.

현재 대륙붕에서 광범위한 자원의 개발이 진행되고 있습니다.

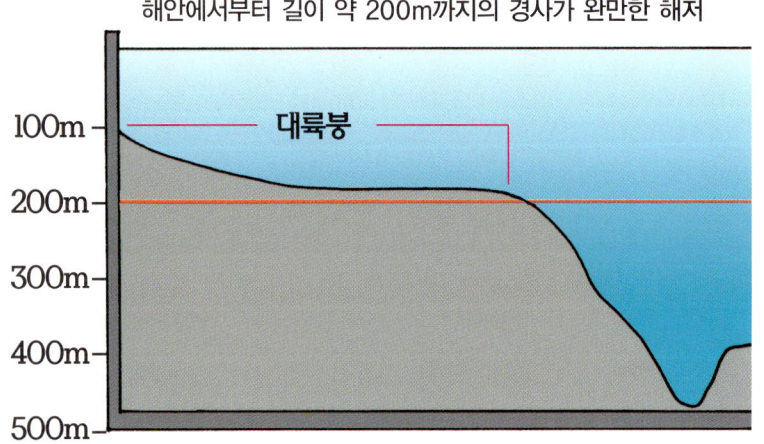

바닷속은 왜 깜깜할까요?

150m 이상의 깊이로 가면, 아무리 맑은 바다라 해도 빛을 통과시키지 못합니다. 빛이 바닷속으로 들어가 5m만 지나도 빨간색은 대부분이 흡수되어 버리고, 70m에서는 파란색까지도 흡수되어 버립니다. 그리고 150m 정도에서는 모든 빛이 흡수되어 버리는 거예요. 따라서 수심 150m 이하의 바다는 완전히 깜깜하여 어둠의 세계가 된답니다.

태양빛을 이용한 광합성 작용에 의해 살아가는 식물은 빛이 없는 깊은 바닷속에서는 살 수 없어요.

식물이 살 수 있는 바다 깊이는 흐리거나 오염된 바다에서는 30~40m까지, 물이 투명한 열대 지방의 바다에서는 약 150m랍니다. 평균적으로 70~80m 정도입니다. 그런데 최근 과학자들은 특수 유리로 만들어진 광섬유와 빛을 한 곳에 모으는 장치를 이용해서, 200m의 바닷속으로도 햇빛의 99%를 보내는 방법을 개발했어요. 실험에 의하면 연필심 정도 굵기의 광섬유를 통해 야구장의 야간 경기에 쓰이는 조명의 10% 정도나 되는 80kw의 빛을 바다 깊이 보낼 수 있다고 합니다.

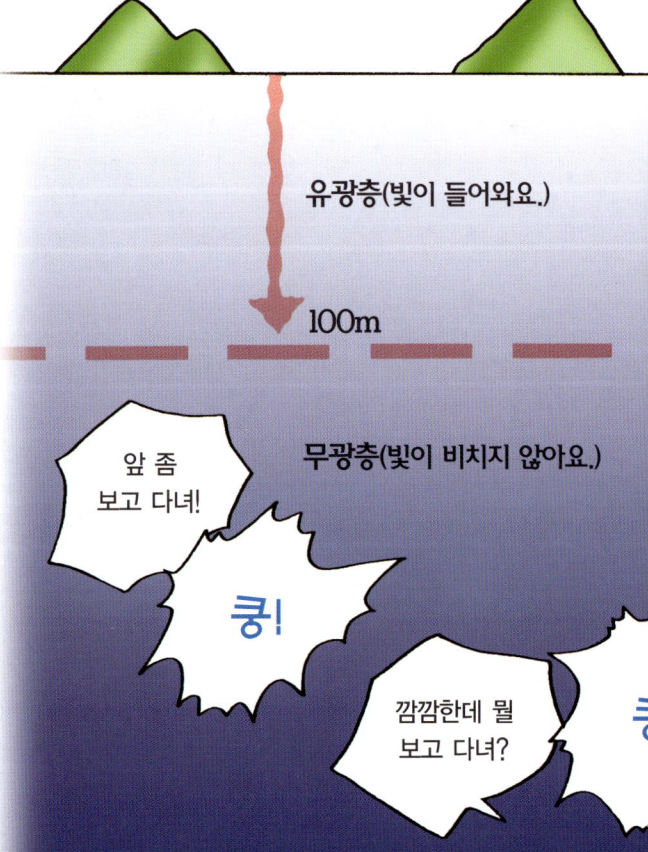

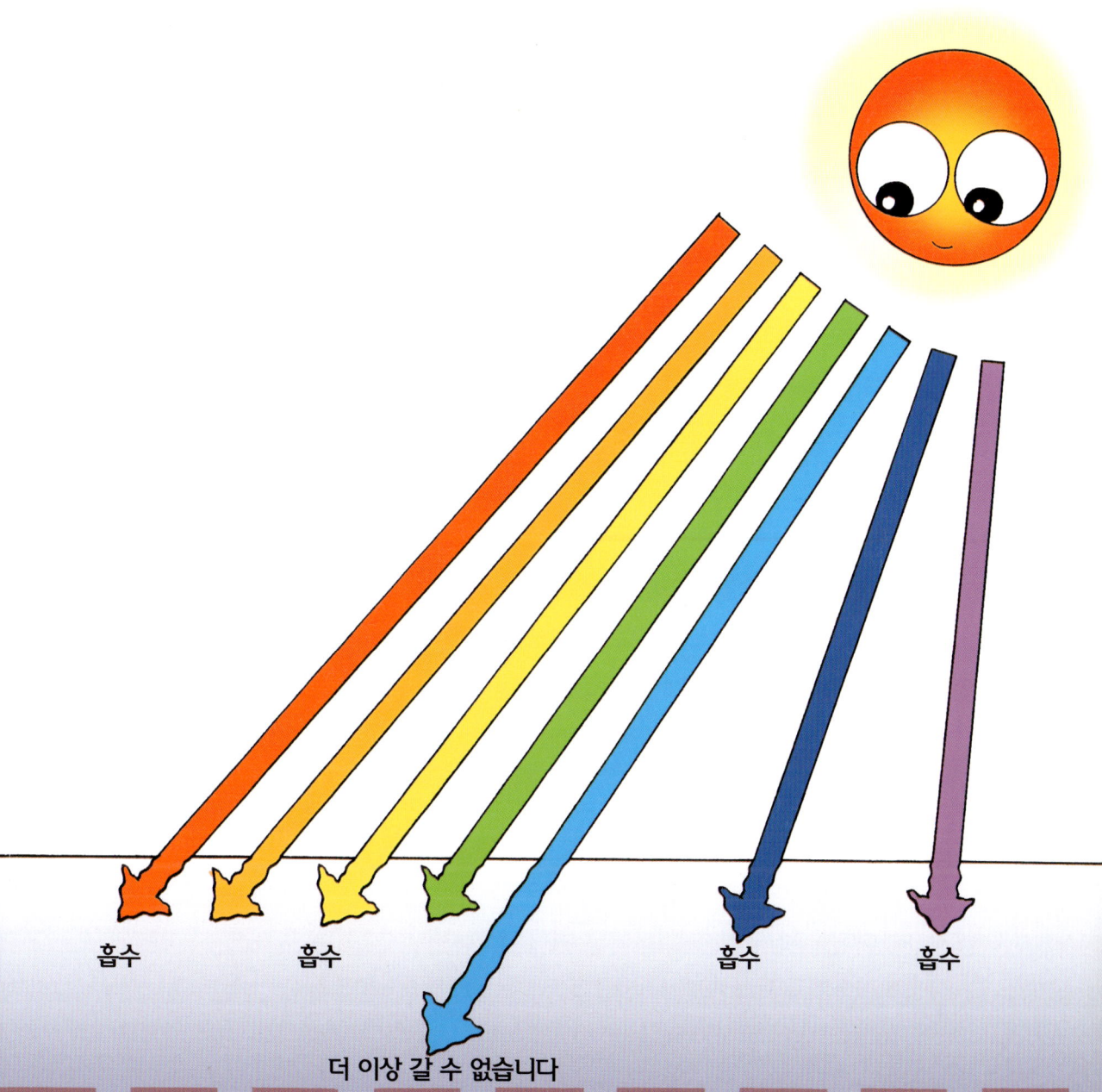

물고기도 새끼를 낳는다고요?

바다에 살고 있는 대부분의 물고기는 알을 낳아 번식을 해요. 하지만 종족 보존을 위해 새끼를 낳는 물고기들도 있습니다.

별상어, 귀상어, 곱상어 등과 노랑가오리 등이 새끼를 낳습니다.

또 볼락, 쏨뱅이, 망상어, 학공치, 등가시치, 청베도라치 등도 새끼를 낳습니다.

몸 속에서 알을 낳고 새끼로 키운 뒤에 몸 밖으로 내보내는 거예요. 하지만 새끼를 낳는 어류들은 포유류와는 달리 자궁, 태반, 양막 등이 없어서 새끼는 알 속에 있는 난황으로부터 영양분을 받아야 한답니다.

바다에 사는 고래도 새끼를 낳습니다. 하지만 고래는 어류가 아닌 포유류예요.

고래의 임신 기간은 종류에 따라 다르지만 대개 9개월에서 16개월 정도이며, 한 번에 한 마리씩만 낳습니다.

사람은 정상적으로 태어날 때 머리부터 나오지만 고래의 새끼는 사람과는 달리 꼬리부터 나온답니다.

고래는 태어나면 6개월에서 1년 반 동안 어미 곁에서 젖을 먹고 성장한 다음에 독립 생활을 하게 된답니다.

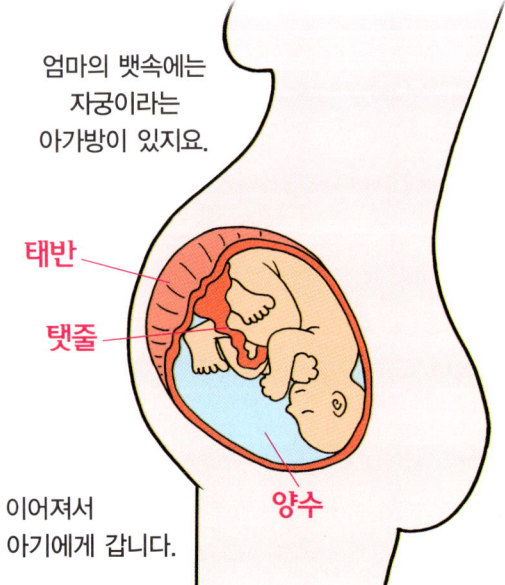

엄마의 뱃속에는 자궁이라는 아가방이 있지요.

태반
탯줄
양수

아기와 엄마는 탯줄로 이어져서 엄마에게 있는 영양과 산소가 아기에게 갑니다.

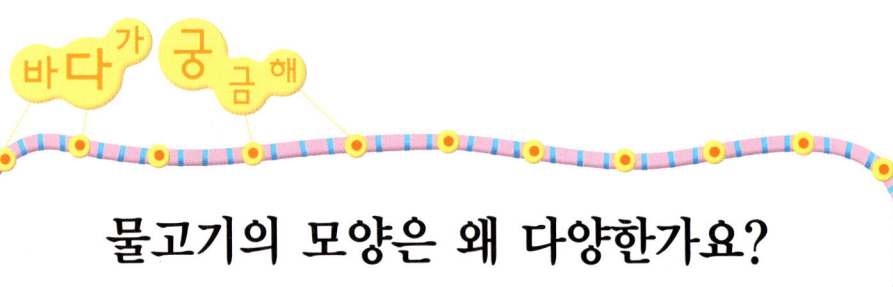

물고기의 모양은 왜 다양한가요?

물고기의 생김새는 사는 곳에 따라 여러 가지 형태를 나타냅니다.

크게 방추형, 측편형, 편평형, 장어형, 구형 등으로 구분되죠.

먼저 방추형 어류는 물고기 중 가장 균형이 잡힌 활동적인 생김새랍니다. 몸에는 쓸데없는 돌기물이 없고, 헤엄칠 때 물과의 마찰을 가볍게 하여 물 속을 신속하게 달릴 수 있습니다. 고등어, 악상어, 참다랑어, 가다랑어 및 방어가 방추형이지요.

그리고 측편형 어류는 옆으로 납작한 형태를 하고 있답니다. 전어, 갈전갱이, 샛돔, 참돔, 돌돔, 넙치, 가자미류 등이 측편형의 몸을 가지고 있지요. 이들 물고기들은 방추형에 비해 운동력이 약하기 때문에 육지에 가까운 연안 수역이나 바다 밑바닥에서 살고 있습니다.

다음으로 편평형 어류는 측편형과는 반대로 아래위로 납작해진 형태예요. 가오리류, 가래상어, 양태, 아귀, 빨강부치 등이 편평형의 몸을 가지고 있습니다. 편평형 어류는 운동력이 적지만 높은 수압에서도 견딜 수 있으므로 바닷속 깊은 곳의 바닥에 주로 살고 있답니다.

마지막으로 장어형 어류는 생김새가 뱀처럼 몸이 긴 형태를 하고 있는 물고기예요. 먹장어, 칠성장어, 뱀장어, 갯장어, 붕장어, 드렁허리 등이 여기에 속합니다. 장어형의 물고기들은 대부분 바다 밑바닥의 모래나 뻘 속을 뚫고 들어가서 생활하는 습성을 가지고 있어요.

구형 어류는 몸 전체가 둥근 물고기예요. 복어 종류들이 여기에 속합니다. 이러한 둥근 모양의 물고기는 운동이 완만하며, 연안 수역이나 바다의 중간 수심에 주로 살고 있습니다.

어떤 상어와 고래가 가장 무서운가요?

현재 세계에는 400여 종의 상어가 있는 것으로 알려져 있습니다. 이 가운데 사람을 공격하는 종류는 30종이나 돼요. 우리 나라 연안에서는 36종의 상어가 출현하고 있습니다.

상어 중 가장 무서운 종류는 백상아리(일명 백상어)로 최대 크기가 6m에 이르는 무시무시한 상어랍니다. 백상아리는 온대 수역과 열대 수역에 골고루 분포해서 살아가고 있습니다.

백상아리는 수온의 영향을 받아 계절에 따라 이동을 하며 살아갑니다. 해역에 따라 출현 시기가 다르기는 하지만, 공통적인 특징은 비교적 얕은 연안 바다에 자주 출현하여 사람을 공격한다는 것입니다.

그 외 사람을 공격하는 무서운 상어에는 귀상어, 무태상어, 청상아리, 악상어 등이 있습니다.

우리 나라 서해안이나 남해안에서도 가끔 상어가 나타나 사람들을 공격하고, 목숨을 빼앗아 가는 일이 있습니다.

고래 중에서 가장 무서운 고래는 범고래예요. 범고래는 바다의 왕으로 일컬어지지요.

범고래는 이빨고래의 일종으로 다양한 종류의 어류들을 잡아먹는데, 해변에 무리지어 있는 물개 등 포유류도 공격 대상이 됩니다.

또한 자기보다 몸집이 큰 대형 고래들에게도 집단으로 공격하여 잡아먹는 포악성을 가지고 있습니다.

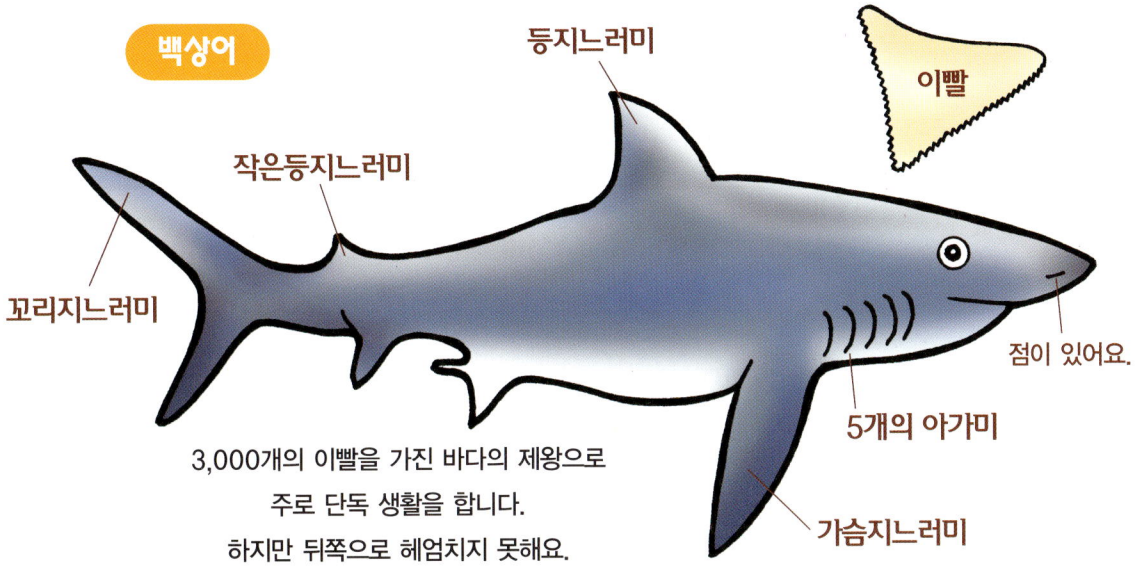

백상어

3,000개의 이빨을 가진 바다의 제왕으로 주로 단독 생활을 합니다.
하지만 뒤쪽으로 헤엄치지 못해요.

범고래

30마리 정도 떼지어 다니며 대형 고래를 덮치기도 해요.

등지느러미
유난히 긴 등지느러미를 물 위에 내고 헤엄칩니다.

이빨
위, 아래 각각 40~50개의 이빨을 갖고 있습니다.

무거운 배가 어떻게 물 위에 뜨나요?

나무 조각을 물에 넣으면 둥둥 뜹니다. 이것은 나무 조각이 가라앉으려는 중력보다, 물이 위로 밀어내는 부력이 더 크기 때문이에요.

부력의 크기는 물체가 물 속에 잠긴 부피에 해당하는 물의 무게와 같고, 작용 방향은 수직 위입니다. 이것을 '아르키메데스의 원리'라고 합니다.

비중이란 물체가 갖는 밀도가 물과 비교해서 큰지 작은지를 숫자로 나타낸 것입니다. 즉, 물을 기준으로 하여 다른 물체와 비교한 것이 비중입니다. 이 비중이 작을수록 물에 쉽게 뜨는 것이지요.

하지만 배를 만드는 철은 물보다 7.9배 밀도가 큽니다.

그런데 어떻게 배가 물에 뜰 수 있을까요?

그것은 바로 '공간' 때문입니다. 배가 물에 가라앉을 때, 쇠로 된 부분인 배의 밑바닥만 가라앉는 게 아니라, 배 안에 있는 공기도 함께 가라앉게 됩니다.

즉, 쇠의 밀도는 물보다 크지만, 배 전체의 밀도는 물보다 작게 되는 것이지요.

바닷물의 밀도가 민물의 밀도보다 크기 때문에, 민물에서 뜨지 않던 물체가 바다에서 뜨는 경우도 있어요. 또 사해같이 진한 농도의 소금물에서는 더 쉽게 뜰 수 있답니다.

따라서 큰 배를 잘 띄우기 위해서는 배의 형태가 매우 중요합니다. 하지만 배의 바닥이 닿을 정도로 물이 얕다면 배를 띄울 수 없을 것입니다.

많은 사람과 물건을 실어도
쉽게 가라앉지 않는 까닭은

부력

부력(밀어 올리는 힘) 덕분이지요.

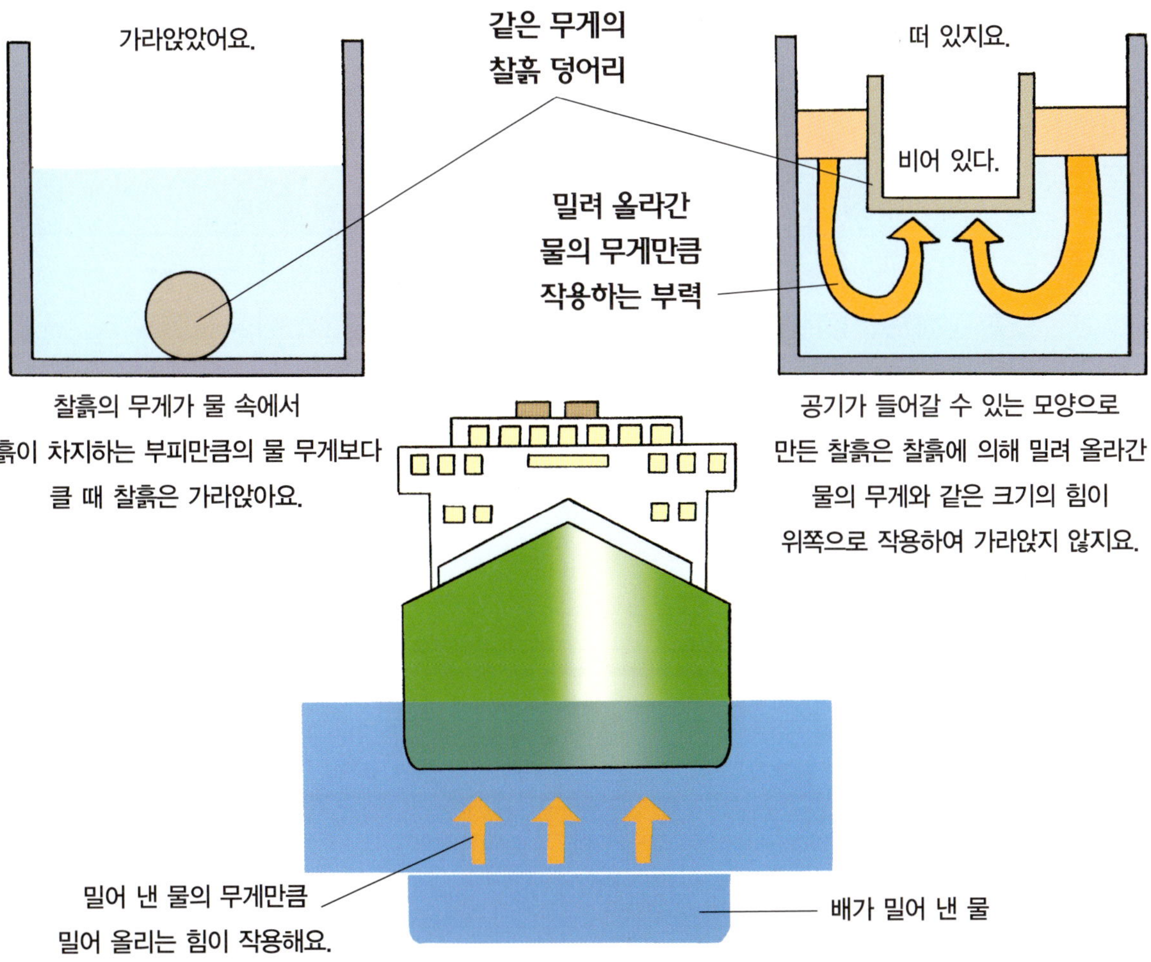

가라앉았어요.

같은 무게의
찰흙 덩어리

떠 있지요.

비어 있다.

밀려 올라간
물의 무게만큼
작용하는 부력

찰흙의 무게가 물 속에서
찰흙이 차지하는 부피만큼의 물 무게보다
클 때 찰흙은 가라앉아요.

공기가 들어갈 수 있는 모양으로
만든 찰흙은 찰흙에 의해 밀려 올라간
물의 무게와 같은 크기의 힘이
위쪽으로 작용하여 가라앉지 않지요.

밀어 낸 물의 무게만큼
밀어 올리는 힘이 작용해요.

배가 밀어 낸 물

태풍의 이름은 어떻게 정해지나요?

태풍에 이름을 붙이기 시작한 것은 1953년부터입니다. 큰 피해 없이 조용하게 지나가라는 의미에서 사라나 로사 같은 여성 이름만 사용했습니다. 하지만 여권 운동가들이 항의하여, 1979년부터 여성의 이름과 남성의 이름을 섞어 사용하게 되었지요.

1999년까지는 북태평양에서 발생하는 태풍에 미국 태풍 합동 경보 센터에서 정한 이름을 썼지만, 2000년부터는 아시아 14개국의 고유한 이름을 사용하게 되었습니다. 그래서 개미, 나비 같은 낯익은 우리말이 쓰이게 된 것이지요.

각 국가가 고유어를 10개씩 제출하고, 이렇게 모여진 140개의 이름을 28개씩 다섯 조로 나눕니다. 태풍이 발생하면 순서대로 이름을 붙이게 되는 것이지요.

우리 나라에서는 개미, 나리, 장미, 수달, 노루, 제비, 너구리, 고니, 메기, 나비 등의 이름을 제출했습니다. 외국 사람들이 발음하기에도 쉬운 단어로 뽑았다고 합니다.

한편 북한에서도 기러기, 소나무, 도라지, 버들, 갈매기, 봉선화, 매미, 민들레, 메아리, 날개 등의 이름을 제출했습니다.

태풍은 발생하는 지역에 따라 이름이 다릅니다.

▶태풍 : 북태평양, 서부
▶사이클론 : 인도양, 아라비아해, 벵골만
▶허리케인 : 북대서양, 카리브해, 멕시코만, 동부태평양
▶윌리윌리 : 호주 부근 남태평양

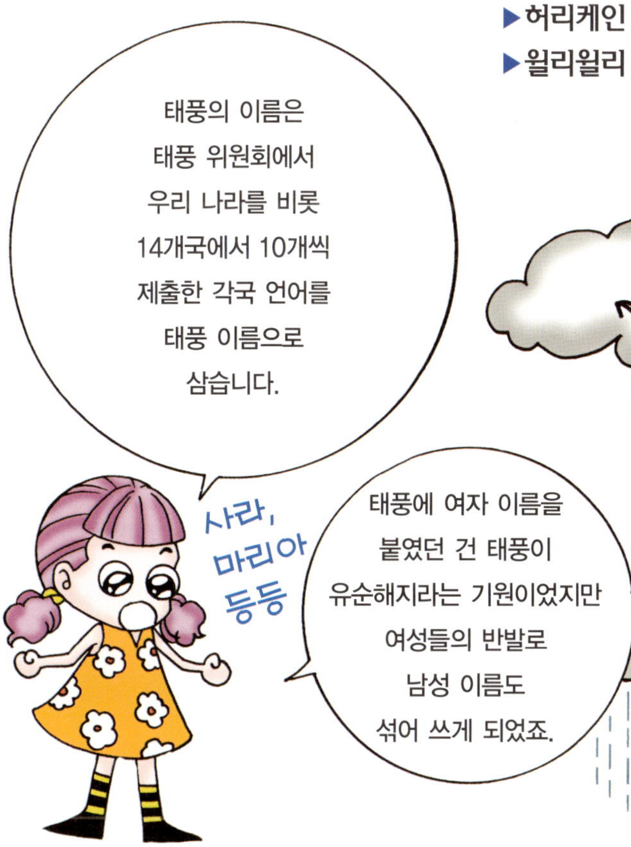

태풍의 이름은 태풍 위원회에서 우리 나라를 비롯 14개국에서 10개씩 제출한 각국 언어를 태풍 이름으로 삼습니다.

사라, 마리아 등등

태풍에 여자 이름을 붙였던 건 태풍이 유순해지라는 기원이었지만 여성들의 반발로 남성 이름도 섞어 쓰게 되었죠.

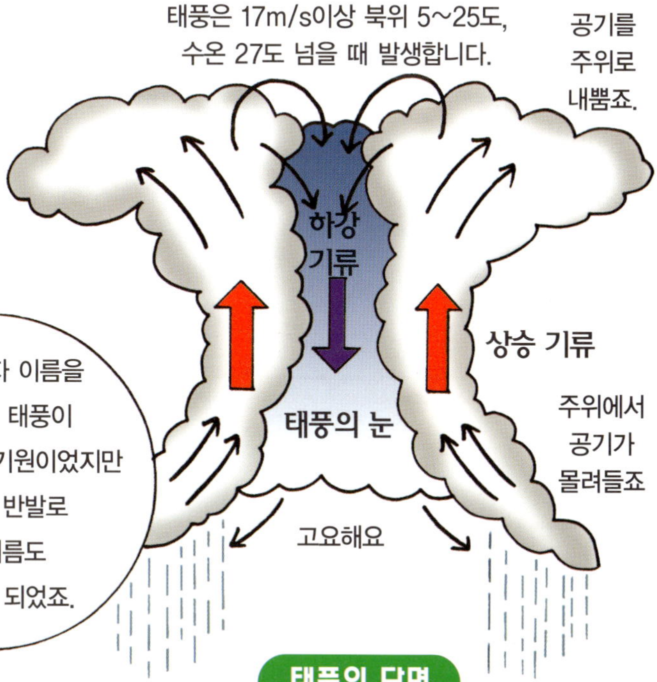

태풍은 17m/s이상 북위 5~25도, 수온 27도 넘을 때 발생합니다.

공기를 주위로 내뿜죠.

하강 기류

상승 기류

태풍의 눈

주위에서 공기가 몰려들죠

고요해요

태풍의 단면

밀물과 썰물이 전기를 만든다고요?

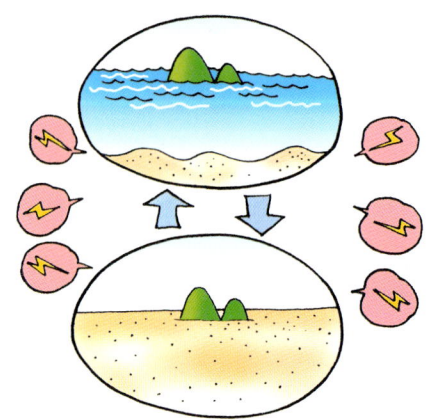

조력 발전은 조수에 의해 생기는
수위 차를 이용해 전기를 일으키는 것입니다.

조력 발전은 바닷물의 간조와 만조를 이용하여 전기를 일으키는 것입니다. 이것은 해양 에너지에 의한 발전 방식 중 가장 먼저 개발된 것으로 공해가 없는 것이 가장 큰 장점이지요.

우선 만과 같은 해안에 댐처럼 제방을 쌓고 한 군데에 수로를 만듭니다. 밀물 때는 바닷물이 제방 안으로 들어오게 하는데, 이 때 수로에 발전기를 설치하여 들어오고 나가는 물의 힘을 이용하면 발전기의 터빈을 돌릴 수 있습니다. 이 힘으로 전기를 얻는 거예요.

조력 발전은 조수의 차이가 1년을 기준으로 평균 7m 이상이 되는 곳에서만 설치가 가능합니다. 수력 발전소와 마찬가지로 한번 설치만 해놓으면 따로 돈을 들이지 않고도 에너지를 얻어 쓸 수 있다는 것이 좋은 점입니다. 그러나 조력 발전소는 발전기가 연속적으로 돌아가지 않는다는 것이 큰 결점입니다.

조력 발전은 화력 발전소에 비해 공해 문제도 없고, 위험이 없는 장점은 있으나 설치 비용이 많이 들어가는 단점이 있습니다.

우리 나라에서는 서해안이 간만의 차이가 커서 조력 발전소를 건설하기에 알맞은 곳이죠.

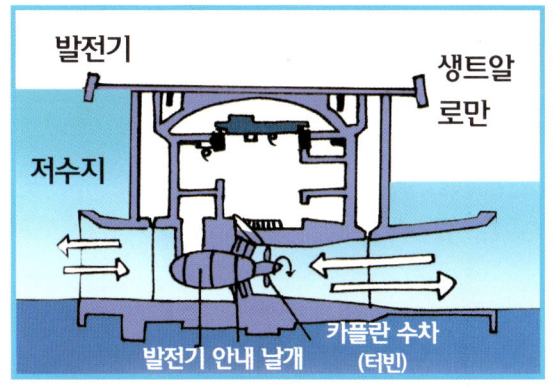

바닷물은 터빈을 돌린 다음 저수지에 고여요.
(밀물일 때)

저수지의 바닷물은 터빈을 돌린 다음 바다로 흘러가죠.
(썰물일 때)

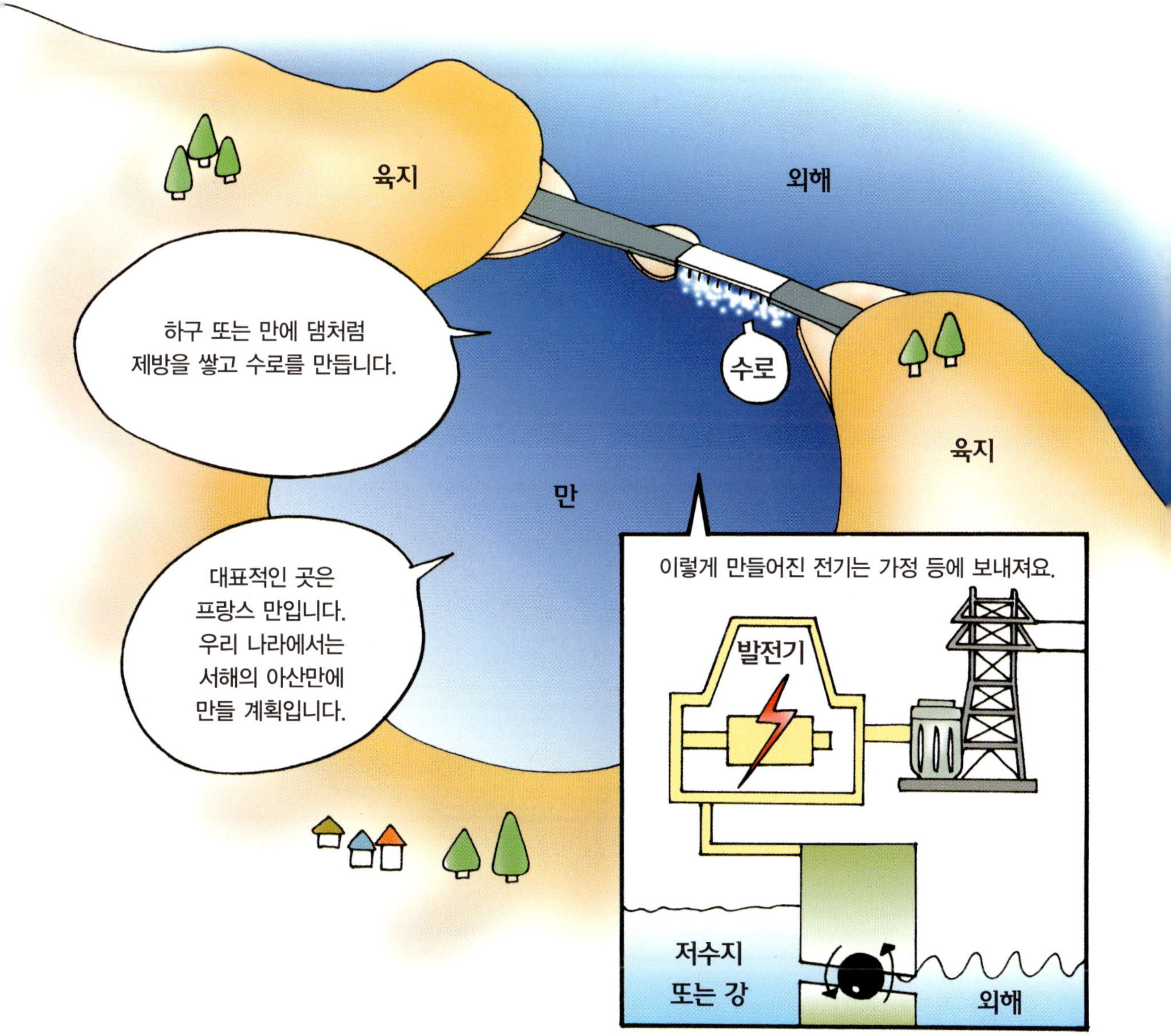

하구 또는 만에 댐처럼 제방을 쌓고 수로를 만듭니다.

대표적인 곳은 프랑스 만입니다. 우리 나라에서는 서해의 아산만에 만들 계획입니다.

이렇게 만들어진 전기는 가정 등에 보내져요.

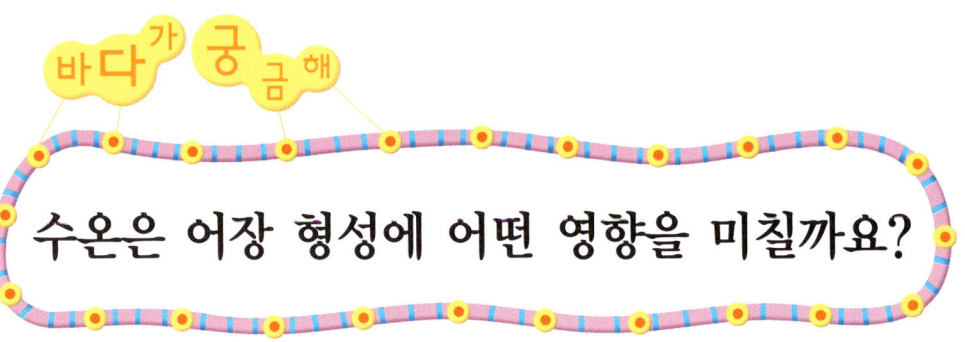

수온은 어장 형성에 어떤 영향을 미칠까요?

용승류는 표면의 바닷물과 바다 밑의 물이 자리바꿈하는 것입니다.

바다 위에는 죽은 생물들이 떠다니다가 썩어서 가라앉으면, 박테리아로 분해됩니다. 이것이 여러 가지 영양 염분이 되어 바다 밑바닥에 깔려 있는데, 용승류를 따라 위로 올라가게 됩니다. 바다 밑에서 올라온 영양 염류와 풍부한 태양 에너지로 플랑크톤의 번식이 쉬워지고, 그 플랑크톤을 먹기 위해 물고기들이 많이 모여들게 되죠.

용승류가 발생하는 남아메리카 페루 근해에는 연간 1000만t 이상이나 되는 많은 어획고를 올려 세계적 어장으로 주목을 받고 있습니다.

원자력 발전소에서는 높은 열이 나옵니다. 이 열은 바다 밑의 차가운 물을 덥게 하지요. 이 때 더워진 바닷물은 자연히 위로 올라오게 되어 영양 염류를 끌어올리기도 합니다.

자연적으로 소규모의 용승류가 형성되는 장소에 해저 원자력 발전소

를 설치한다면 그 작용을 가속화시켜 대규모 어장이 생길 수 있어요.

1000만kw의 초대형 원자력 발전이라면 하나의 어장을 형성하기 위한 용승류를 충분히 만들어 낼 수 있습니다. 적어도 100㎢의 넓은 바다를 비옥하게 만들 수 있답니다.

이렇게 될 경우, 이 곳에 모여드는 물고기는 연간 100만t이나 되어 아주 훌륭한 어장이 생기게 되는 것이지요.

대형 원자력 발전소를 해저에 설치함으로써 안전하게 전기를 쓸 수 있고, 한쪽으로는 아주 훌륭한 큰 어장을 얻게 되어 일석이조의 효과가 생기게 됩니다.

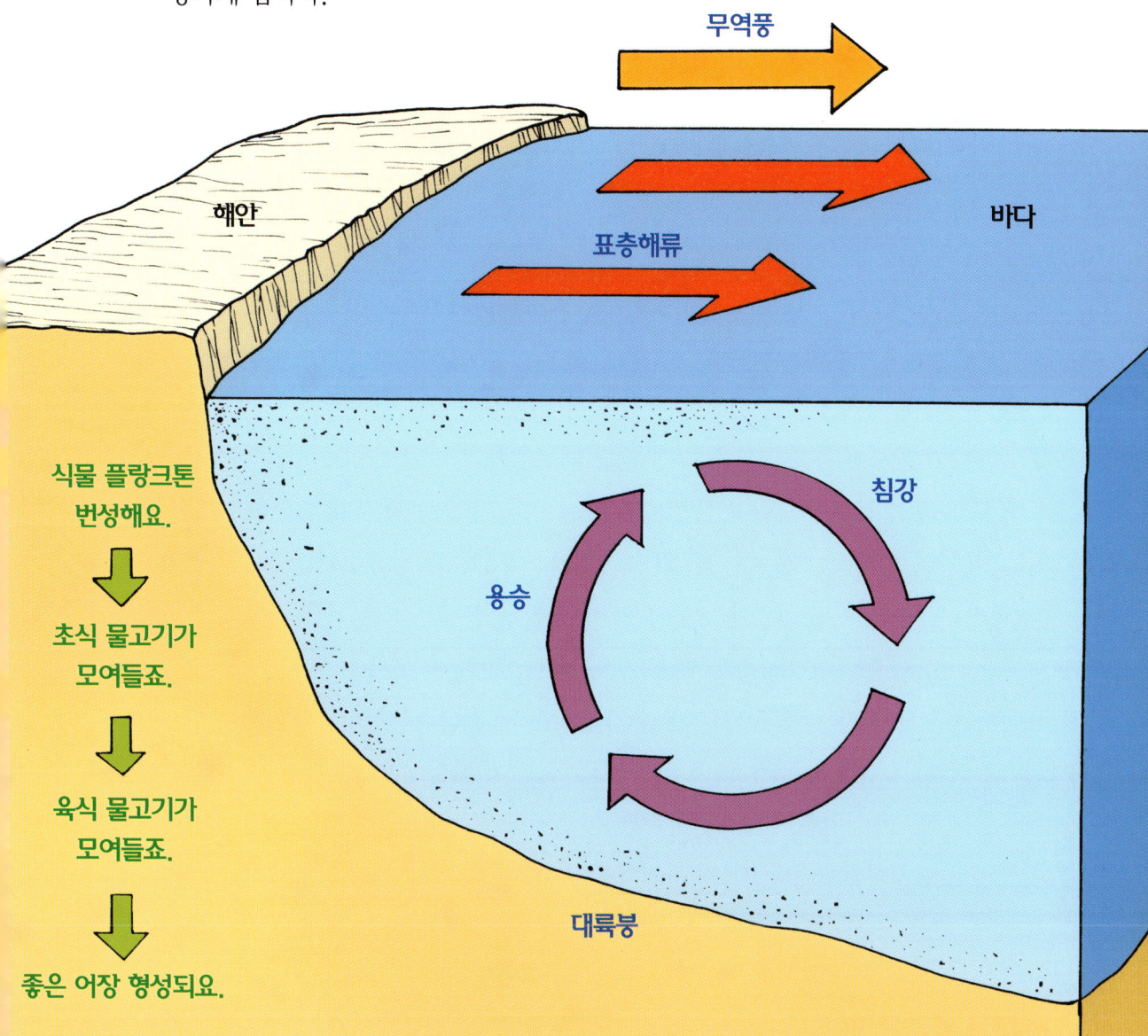

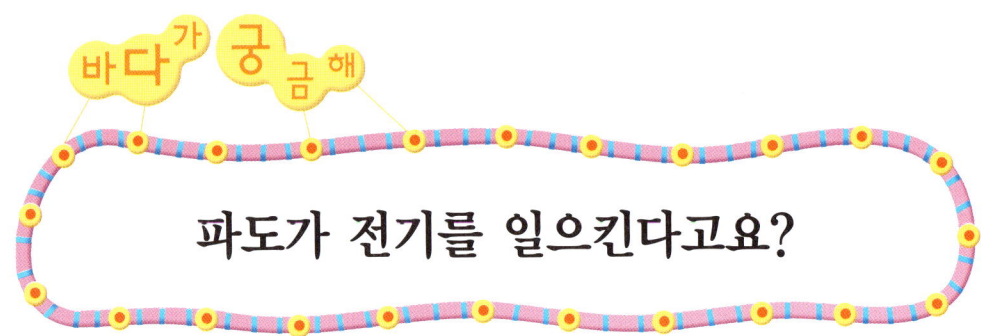

파도가 전기를 일으킨다고요?

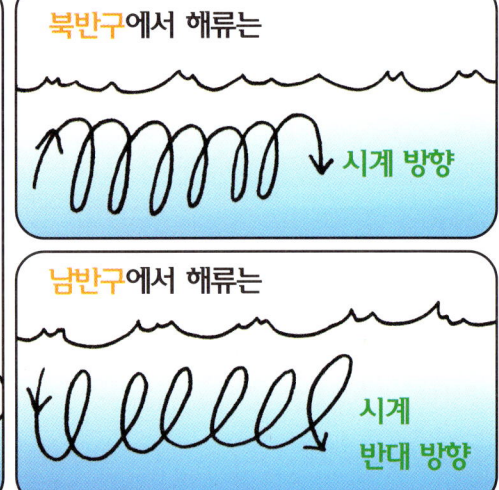

파도는 우리들이 생각하는 것 이상으로 매우 큰 힘을 가지고 있습니다. 1㎥당 20~30t 정도의 압력을 가지고 있어요. 이러한 파도의 힘을 이용하여 전기를 일으키는 것을 파력 발전이라고 합니다.

바닷물은 태양열을 받게 되면 데워져서 가벼워지게 됩니다. 이 때 수면 부분의 바닷물은 바람에 의해 한쪽 방향으로 흘러가 해류를 이루는데, 이러한 해류는 지구의 자전으로 인하여 더 강해집니다. 이런 해류를 이용하여 전기를 얻는 것이 해류 발전입니다.

큰 파도는 1㎥당 1,000kw까지 전기를 만들 수 있다고 합니다.

전세계의 해양 파력 발전 가능량은 약 3조W나 된다고 합니다. 현재 파력 발전을 가장 많이 연구하고 있는 나라는 영국, 노르웨이, 일본 등입니다. 일본의 경우, 지금까지 약 400개 이상의 소형 파력 발전기를 설치하였습니다. 작은 파력 발전기는 외딴 섬과 등대, 또는 선박의 항로 표시용으로 쓰고 있어요.

영국에서는 특수 펌프 장치를 이용하여 파력의 압력을 훨씬 더 증가시켰습니다. 이러한 파력 발전은 건설이 간편하고 경제적이며, 공해가 없을 뿐만 아니라, 방파제 역할까지 하기 때문에 인류에게 많은 도움을 주고 있는 것입니다.

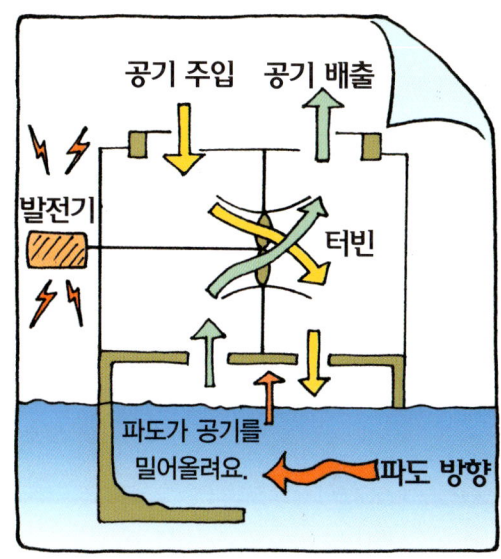

해류 발전기의 터빈은 약한 해류에도 쉽게 돌아갈 수 있도록 고안되었고, 여러 개를 한 줄에 연결하여 해류가 흐르는 곳에 설치하도록 하였습니다. 발전된 전기를 특수 직류로 해저 케이블을 타고 육지로 송전된 다음, 다시 교류로 바꾸어 가정이나 학교, 공장 등으로 보내지죠.

오염된 강물 속에는 여러 가지 유기 물질이 포함되어 있습니다. 이 유기 물질은 플랑크톤의 먹이가 되는데, 먹을거리가 많아진 플랑크톤은 짧은 시간 동안 대량 번식하게 되지요.

이와 같이 갑자기 증식된 플랑크톤이 바다를 덮어 바닷물이 붉은색으로 보이는 현상을 적조 현상이라고 합니다.

적조 현상은 대개 5월에서 10월 사이에 바닷물의 움직임이 별로 없는 육지에서 가까운 만이나 강물과 바닷물이 맞닿은 항구 부근의 연안 바다에서 주로 발생합니다.

적조 현상은 플랑크톤의 종류에 따라 적갈색이나 황갈색, 황록색, 암갈색 등을 띠기도 합니다.

적조가 일어난 바닷물 1ℓ에는 플랑크톤이 수만 개에서 수십만 개가 살고 있으므로 이러한 바닷물을 손으로 만져 보면 끈적하고 걸죽한 느낌을 받게 된답니다.

이렇게 적조 현상이 발생하게 되면 엄청난 플랑크톤이 바닷물 속의 산소를 모두 소비하게 되므로 바닷속의 모든 생물들은 산소 부족으로 떼죽음을 당하게 됩니다. 심지어 플랑크톤의 숫자가 너무 많아 플랑크톤이 물고기의 아가미를 막아 버리기 때문에 물고기들은 숨을 쉬지 못해서 질식하기도 합니다.

바닷속의 다이아몬드는 어떻게 얻나요?

육지에 묻혀 있는 다이아몬드 매장량은 거의 바닥을 드러냈습니다. 사람들은 이제 바다에서 다이아몬드를 얻으려고 많은 연구를 하고 있습니다.

바다 밑에 묻혀져 있는 다이아몬드 및 광석들은 육지에서 흐르는 강물에 의해서 바다로 흘러들어 대륙붕에 쌓인 것입니다.

이런 광산을 사광이라고 합니다.

다이아몬드는 수심 30m에서 100m 사이의 바다에서 채취하는데, 바다 밑의 사광은 육지에 존재하는 암석 광맥이 오랜 세월 속에 풍화 또는 침식 작용을 받은 결과, 부서져서 강물의 흐름에 따라 바다로 운반되어 쌓인 것입니다.

그러나 바닷속 100여m에서 모래나 자갈을 함께 채취하여 끌어올리는 기술은 돈이 많이 듭니다.

세계적인 다이아몬드의 광맥을 살펴보면 아프리카의 콩고와 앙고라, 인도네시아의 보르네오 등에서 많이 나오고 있습니다.

최초의 다이아몬드 채취는 수심이 30m의 바다 밑이었습니다. 채광 장치는 배에다 고압 공기법과 양수 펌프식을 함께 동원했습니다.

그 후 기술은 계속 발달하여 남아프리카 공화국에서 깊이 120m 사광을 건져 이것을 처리해 1,000캐럿의 다이아몬드를 얻는 데 성공했지요. 연간 바다에서 건져 올린 다이아몬드가 무려 23만 캐럿이나 된다고 합니다.

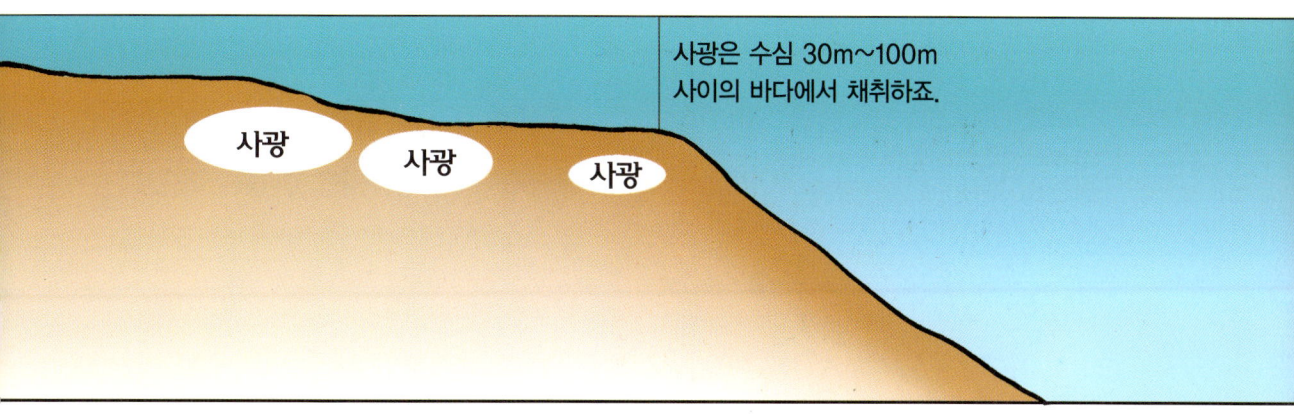

바다 밑에 묻혀 있는 다이아몬드 및 광석들이 쌓인 광산을 사광이라 한답니다.

옛날에는 30m나 되는 바다 밑에서 다이아몬드를 채취했어요. 배에 고압 공기 펌프와 양수 펌프를 설치하고 말이에요. 그러나 오늘날에는 간단하게 착암기를 이용해서 다이아몬드를 채취해요.

세종 기지에서는 어떤 활동을 하나요?

우리 나라가 남극에 진출한 것은 1978년 남극해에서 크릴새우 조사를 한 것이 처음입니다. 그 후 1986년에 서른세 번째로 남극 조약에 서명했고, 1988년 2월에 서남쪽의 킹조지 섬에 세종 과학 기지가 건설되어 남극 연구를 시작되었습니다.

남극 세종 과학 기지에서 연구하는 분야는 대기 과학, 지질학, 지구 물리학, 생물학, 해양학 및 우주 과학 등으로 구분됩니다. 매년 15명 정도의 연구원들이 1년 간 파견되어 지진파, 지구 자기, 고층 대기, 성층권 오존 등을 측정하고 관측합니다.

여름에는 40여 명의 연구원들이 세종 기지를 중심으로 킹조지 섬 인근 및 웨델 해에서 지질, 지구 물리 및 해양 생물학 등의 연구 활동을 펼치고 있습니다. 최근에는 지구 환경 변화와 관련한 환경 모니터링, 남극에서의 환경 변화 연구에 주력하고 있습니다.

이러한 활발한 연구 활동과 세종 기지의 효과적인 운영을 통해 우리 나라는 1989년 10월에 남극 개발에 적극적으로 참여할 수 있는 남극 조약 협의 당사국 지위를 획득하였고, 1990년 7월에는 남극의 과학적 연구를 조정하는 남극 연구 과학 위원회의 정회원 자격도 취득했습니다

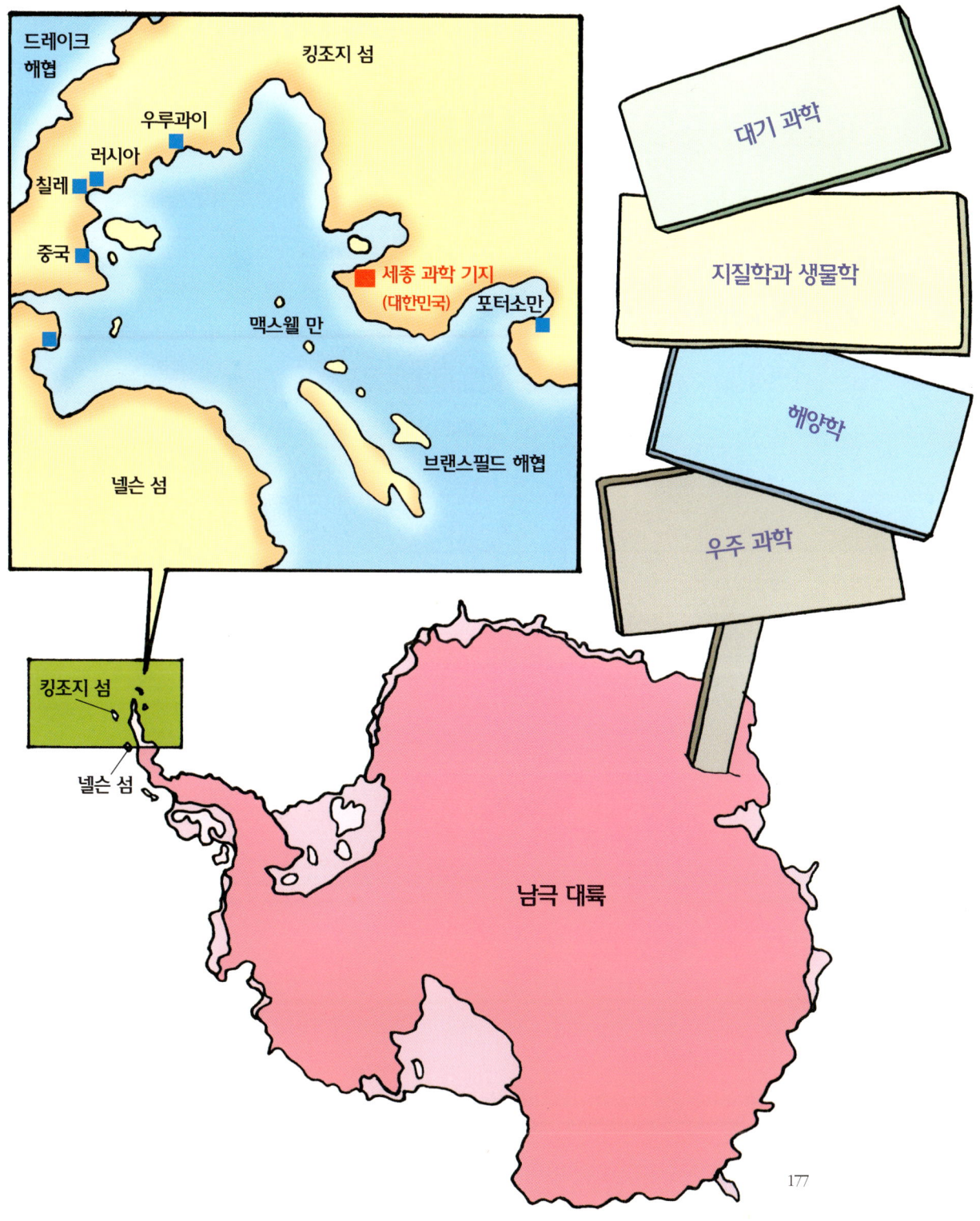

나비는 앉아 있을 때에는 보통 날개를 접고 있어서
비교적 색깔이 우중충한 날개의 아래밖에 볼 수 없어요.
그러나 나방은 날개를 펴고 앉는 것이 많습니다.
나비는 대개 햇빛 쬐는 걸 좋아하고 낮에 활동합니다.
그러나 나방은 땅거미가 지는 컴컴한 저녁 무렵이 되어야
볼 수 있습니다. 나방은 약간 어둑어둑한 곳을 좋아하는
야행성 곤충이기 때문이에요.

– '나비와 나방은 어떻게 구별하나요?' 중에서

왜 그늘에서 자란 식물이 더 큰가요?

식물이 자라는 것은 식물 성장 호르몬의 힘입니다. 이 성장 호르몬은 햇빛을 받으면 활동이 약하고 매우 느리지만, 햇빛이 없는 밤이나 응달에서는 활동이 매우 활발해집니다. 그래서 식물들은 햇빛이 강한 한낮보다는 응달 아래나 밤에 더 잘 자라는 것입니다.

그래서 양지에서 자라는 식물보다는 그늘이나 응달에서 자라는 식물이 햇빛을 충분하게 받지 못했어도 성장 호르몬의 활동이 왕성해져 키가 더 큰 것입니다. 따라서 식물의 키를 더 빨리 키우고자 할 때는 햇빛을 가려 주면 됩니다.

하지만 응달에서 자란 식물은 키는 크더라도 몸이 튼튼하지 못하고 연약하게 자란다는 단점이 있습니다.

식물의 성장을 억제시키려고 할 때는 전등 불빛을 밤에도 계속 비춰 주면 됩니다.

식물이 광합성 작용을 하려면 약 2천lx(럭스) 이상의 불빛이 필요합니다. 빛의 밝기와 세기가 일정한 정도 이상이 되면 햇빛이든 전등 불빛이든 식물이 자라는 데에는 별로 지장은 없지요.

즉 실내에서 키우는 화초도 일정한 밝기의 조명만 갖추어 주기만 하면 마음대로 키를 크게도 할 수 있고, 또 작게도 할 수 있습니다.

그러나 색깔이 있는 전등 불빛은 효과가 없습니다.

나비와 나방은 어떻게 구별하나요?

　나비는 앉아 있을 때에는 보통 날개를 접고 있어서 비교적 색깔이 우중충한 날개의 아래밖에 볼 수 없어요. 그러나 나방은 날개를 펴고 앉는 것이 많습니다.
　나비는 대개 햇빛 쬐는 걸 좋아하고 낮에 활동합니다.
　그러나 나방은 땅거미가 지는 컴컴한 저녁 무렵이 되어야 볼 수 있습니다. 나방은 약간 어둑어둑한 곳을 좋아하는 야행성 곤충이기 때문이에요. 그러나 열대 지방에서 살고 있는 나방의 종류는 낮에 활동하는 것도 있다고 합니다.
　한편 몸의 생김새로 구별할 수도 있습니다.
　나비와 나방은 모두 더듬이를 가지고 있습니다. 이 더듬이로 여러 가지 꽃이나 곤충들 냄새로 알아 내는 역할을 합니다.

나비의 더듬이는 길고 가늘며 맨 끝에 마디가 있습니다.

이에 비해 나방의 더듬이는 깃털처럼 뭉툭하게 생겼는데 특히 수컷의 촉각이 발달되어 있습니다. 수컷이 날아다니며 암컷을 찾아 내기 위해서라고 합니다.

나비의 날개는 밝고 색채가 다채롭습니다. 반면 나방의 날개는 색 배합이 은은하고 산뜻하지 못합니다. 이 때문에 주위에 있는 나무 껍질, 잎사귀 등과 구별하기 어려운 것들이 많습니다.

전세계적으로 나방이 나비의 약 4배나 더 많습니다.

개구리는 왜 비 오는 날 울까요?

개구리는 올챙이 시절에는 물고기처럼 아가미로 호흡을 합니다. 점차 자라서 개구리가 되어 땅으로 오르게 되면 폐로 호흡을 하게 되지요. 그러나 개구리의 폐 구조와 성능은 썩 좋은 편이 아니에요. 그래서 다른 짐승처럼 폐를 부풀려 공기를 빨아들이는 것이 불가능하기 때문에 목을 부풀리기도 하고 움츠리기도 해서 공기를 폐로 보내게 됩니다.

개구리의 목이 쉬지 않고 움직이는 이유는 불완전한 호흡 때문이지요.

개구리는 이 폐호흡만으로는 충분한 공기를 들이마실 수가 없으므로 피부로 숨을 쉬어 보충을 해야 합니다. 물론 사람도 피부 호흡을 하지만 개구리처럼 피부 호흡에 많이 의지하지는 않습니다.

그리고 개구리 피부는 항상 젖어 있습니다. 그래야만 공기 중의 산소를 받아들이기 쉽습니다. 그러므로 낮보다는 밤이, 맑은 날보다는 비 오는 날에 개구리의 기분이 좋을 수밖에 없겠지요. 숨쉬기가 편하니까요.

따라서 개구리가 밤과 비 오는 날에 유난히 개굴개굴 울어 대는 것은 엄마의 무덤 때문에 슬퍼서가 아니라, 사실은 너무너무 기분이 좋아서 노래를 부르는 것입니다.

개구리는 폐호흡과 피부 호흡을 함께 해요.
피부가 촉촉해야 피부 호흡이 잘 된답니다.

콧구멍

고막

피부

입

울음주머니
수컷에게만 있어요.
울음주머니를
부풀려 소리를 내지요.

비 오는 날이나 밤에 개구리가 우는 것은 기분이 좋아서입니다.

개굴개굴 개구리 노래를 한다
아들 손자 며느리 다 모여서~

방귀에선 왜 냄새가 나죠?

방귀는 400종의 가스가 섞여 만들어집니다.

그 중에 이산화탄소와 메탄가스가 각각 20~30%씩을 차지하며, 음식물과 함께 흡입된 공기와 음식물이 분해되어 나오는 이산화탄소, 메탄, 수소 등도 많습니다.

방귀의 냄새는 스카톨이나, 인돌, 암모니아같이 질소와 황을 함유한 물질 때문에 나는 것입니다. 즉 콩이나 고기, 생선 등 단백질을 먹은 뒤 방귀를 뀌면 냄새가 나는 것이지요.

음식을 먹을 때는 공기도 함께 마시게 됩니다.

방귀에 불이 붙는 것은 방귀에 들어 있는 수소 때문이에요. 보통 방귀에는 수소의 양이 많지 않아서 불이 붙지는 않지만, 양파와 같이 수소가 많이 들어간 음식물을 많이 먹으면 불이 붙는 방귀를 만들 수 있습니다.

보리밥, 고구마 같은 것을 먹으면 방귀가 잘 나와요. 주성분이 전분이고, 섬유질도 많기 때문에 이것들이 소화되면서 이산화탄소와 메탄을 주성분으로 하는 가스를 많이 만드는 것입니다.

대개 방귀의 소리는 가스의 양에 따라 정해집니다.

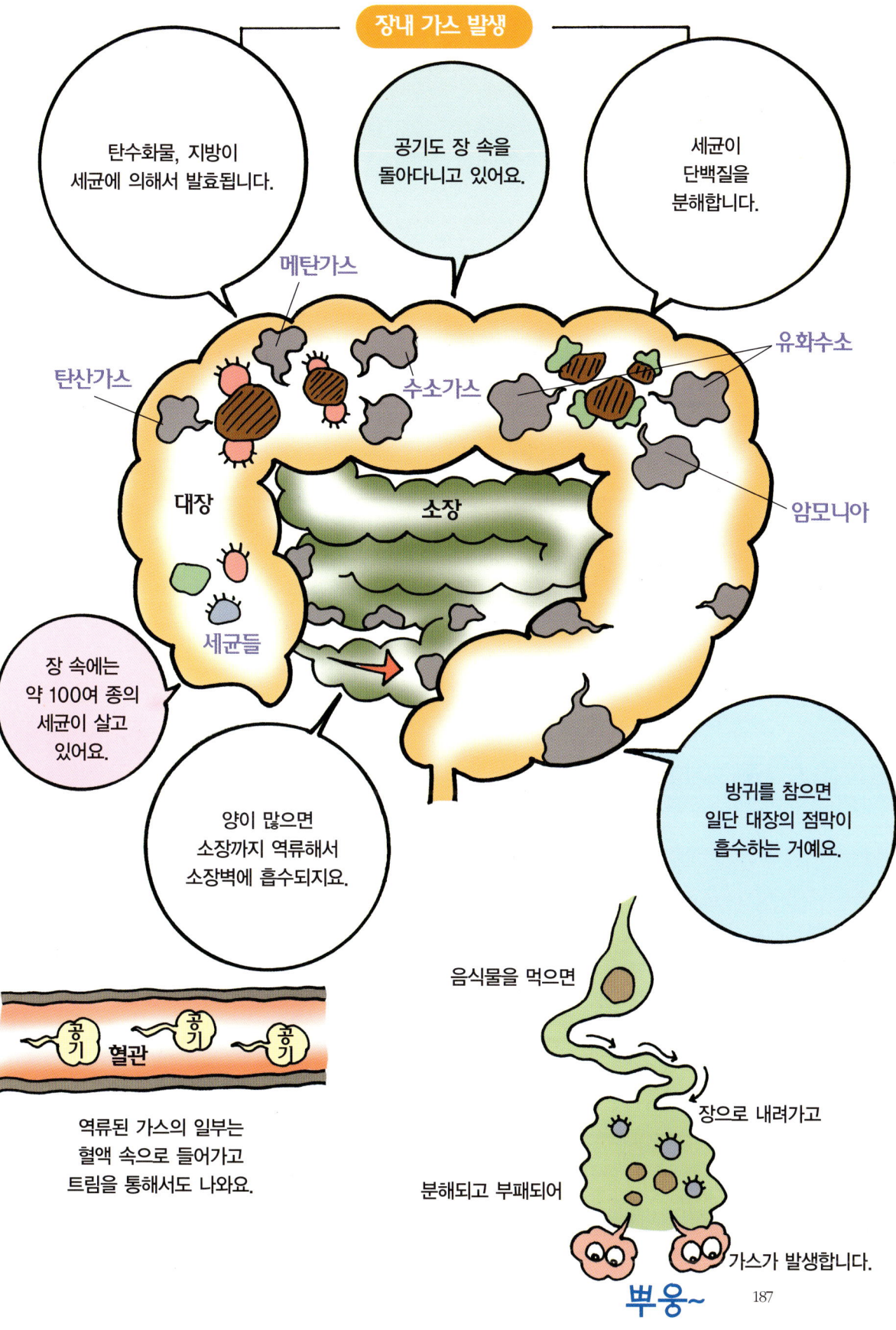

바퀴는 왜 끈질기게 나타날까요?

바퀴는 애, 어른 할 것 없이 모두 모여 살아요.

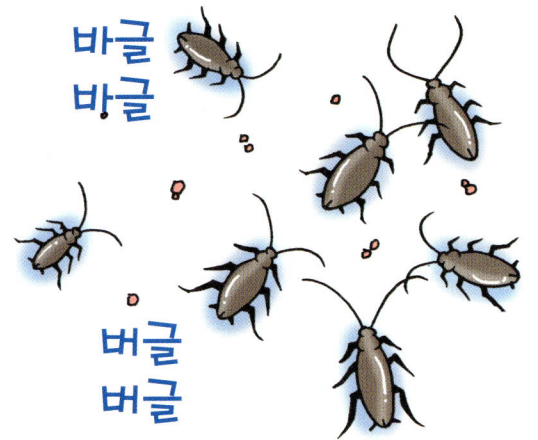

바글바글
버글버글

바퀴는 번데기 단계가 없고 유충에서 곧바로 어른벌레인 성충이 됩니다.

바퀴의 유충은 종에 따라 다르지만 보통 성충이 될 때까지 여섯 번에서 열두 번 정도 껍질을 벗습니다.

바퀴는 식중독균을 비롯한 병원균을 옮길 수 있으며, 사람들에게 알레르기도 일으켜 문제가 되고 있는 골칫덩어리입니다.

바퀴는 주방에 가장 많이 살고 있습니다. 특히 싱크대, 찬장, 선반, 냉장고, 가스 레인지 주위와 틈새 곳곳에 진을 치고 있지요.

밤에 주로 먹이와 물을 찾아 활동합니다.

바퀴가 살기에 가장 좋은 기온은 30℃입니다. 바퀴는 낮은 온도에 약해 20℃ 이하에서는 활동을 거의 중단하고 한 군데 모여 있습니다.

바퀴는 밥, 빵, 과일, 과자, 기름, 설탕, 야채, 음식 찌꺼기는 물론 개밥, 맥주, 담배, 종이까지 못 먹는 것이 없습니다.

기온이 높아지면 매우 공격적으로 변해 서로를 잡아먹는 동족 상잔의 비극을 벌이기도 합니다.

그래서 바퀴는 고생대 화석에서도 발견되는, 현존하는 가장 오래 된

생물이라고 합니다.

비교적 큰 체구의 소유자인 이질바퀴는 먹이와 물 없이도 3주 간을 살 수 있으며, 물만 먹고는 한 달을 버틸 수 있습니다.

이 대단한 생명력이 바퀴를 '살아 있는 화석'으로 만든 것입니다.

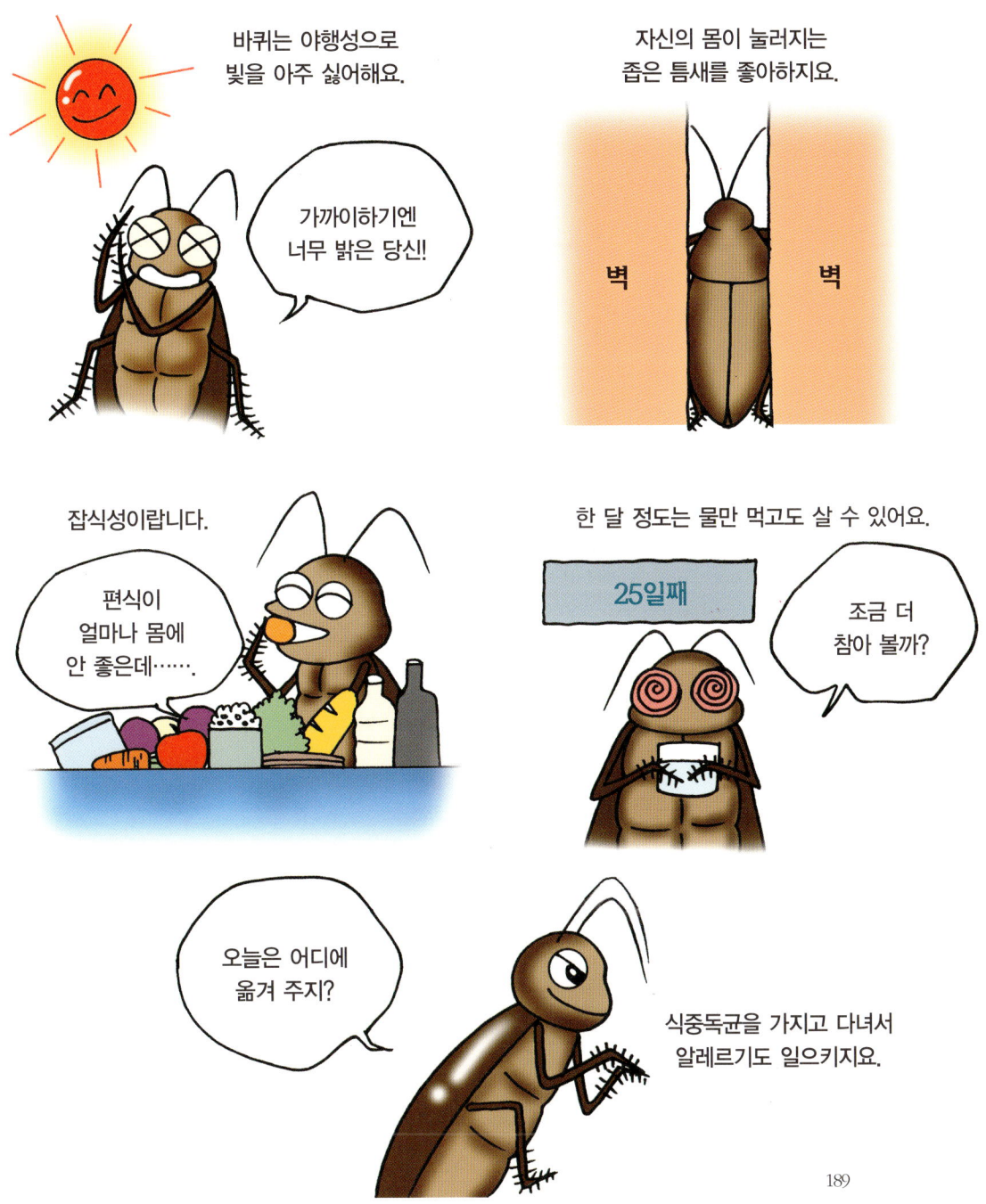

찬물을 먹어도 체하나요?

우리가 마시는 물은 식도를 통해 위로 들어가 위벽을 통해 일부가 흡수되고, 나머지는 장에서 음식물이 흡수될 동안 액체 상태로 머무르며 소화를 돕습니다. 또 온몸으로 산소와 영양분을 운반하고, 노폐물이나 독소들은 몸 밖으로 배출하는 역할을 합니다.

그러나 갑자기 0℃에서 4℃의 차가운 물을 마시면 위에 부담을 줍니다. 위에서 다른 음식물을 소화하는 데에 지장을 주기 때문에 체하게 되는 것입니다.

특히 위가 좋지 않은 사람이 찬물을 빨리 마시면 위에 스트레스를 더 주어 탈이 나게 됩니다. 그러므로 가급적 찬물은 빨리 마시지 않는 것이 좋습니다.

여름에 사람의 몸 표면은 덥지만 속은 차고, 겨울에는 겉은 차지만 속은 덥다고 합니다. 그러므로 속이 찬 여름에 계속 찬 것을 먹으면 속이 많이 상한다고 합니다. 옛날 어른들이 추운 겨울날, 차가운 동치미에 냉면을 말아 드시던 것을 생각하면 이해가 쉽게 갈 것입니다.

우리의 소화 기관은 쉬지 않고 일을 하고 있는데, 찬물은 소화 기관의 운동 에너지를 빼앗아 몸과 같은 온도를 만드는 데에 써 버리게 됩니다. 그러므로 에너지를 빼앗긴 소화 기관은 에너지가 보충될 때까지 거의 운동을 할 수 없게 됩니다.

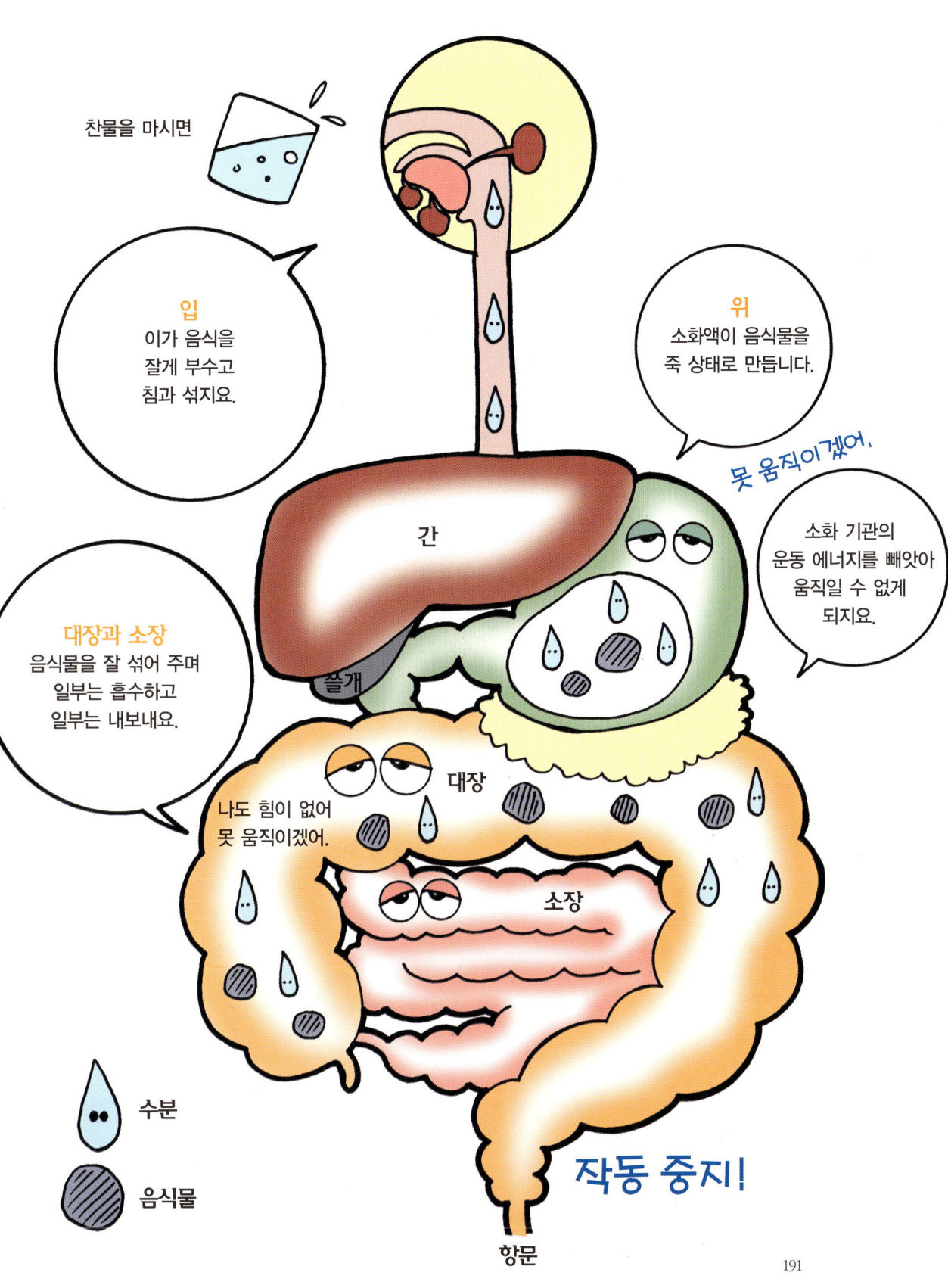

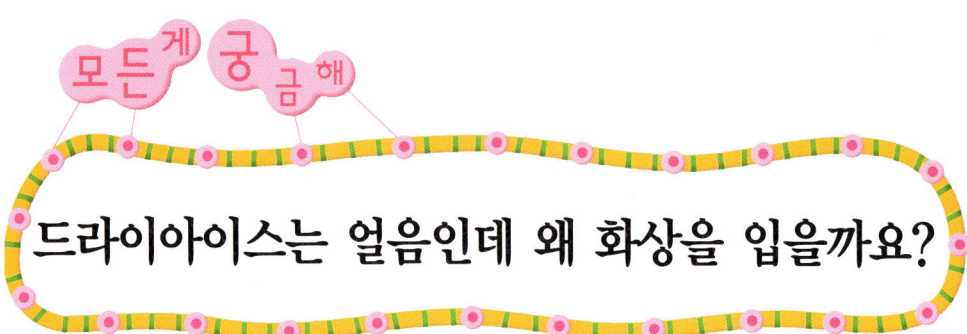

드라이아이스는 얼음인데 왜 화상을 입을까요?

　드라이아이스는 고체 상태의 이산화탄소입니다.

　드라이아이스는 -78.5℃ 이상이 되면 기체로 변하기 때문에 대기 중에 나오면 곧바로 기체가 되면서 주변의 열을 빼앗습니다.

　또한 단위 중량당 기화열(액체가 기화하는데 필요한 열량)이 크고 얼음과 달리 젖지 않기 때문에 냉각제로 널리 이용됩니다.

　또한 실험실에서 에테르나 메틸알코올 등에 넣으면 -80℃에서 -110℃까지 쉽게 냉각할 수 있기 때문에 과학 연구용으로도 많이 사용됩니다.

　그렇지만 드라이아이스는 0℃인 얼음과 달리 매우 낮은 온도의 물질이기 때문에 직접 손이나 몸에 닿으면 심한 동상에 걸리기 쉬우므로 장

온도와 압력을 조절하면 물질은 상태 변화를 합니다.

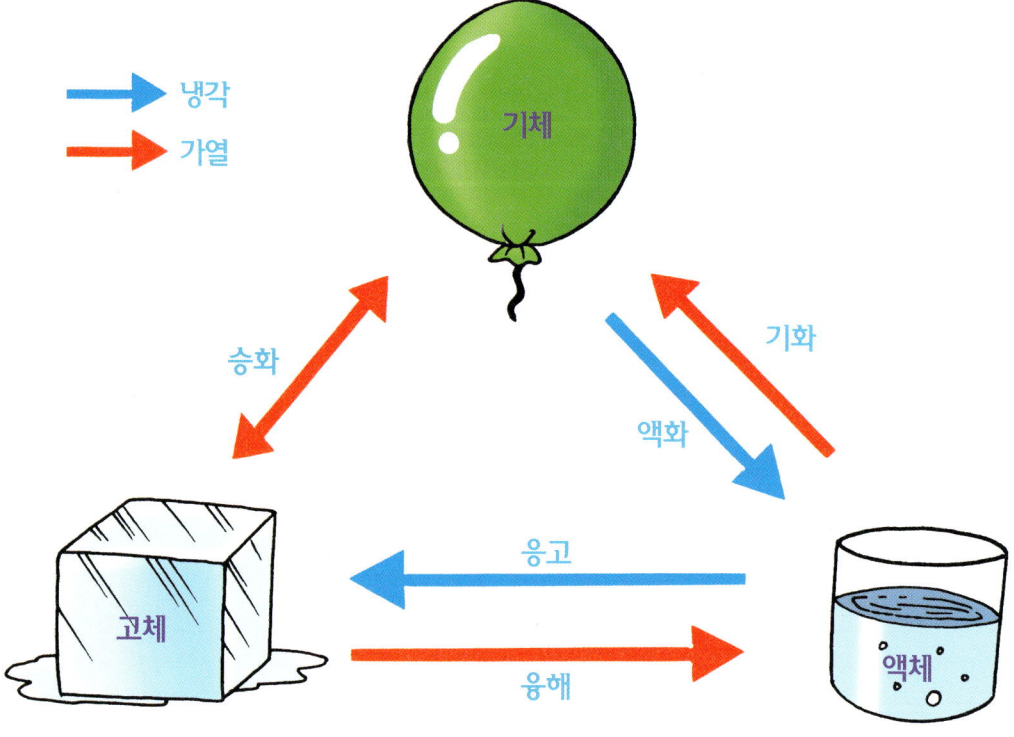

갑을 끼고 다뤄야 합니다.

  그렇지 않고 직접 손에 닿으면 피부가 급격한 온도 강하를 일으켜 조직 장애가 일어나는 현상, 즉 동상에 걸리게 됩니다.

  느낌에는 화상을 당한 것 같지만, 실제로는 급격한 온도 하락에 의해 동상에 걸리는 것입니다.

얼음의 온도는

드라이아이스의 온도는

느낌에는 화상 같지만 실제로는 동상에 걸리는 거예요.

앗, 뜨거!

화들짝

무중력에서 촛불을 켜면 어떤 모양이 되나요?

보통의 상태에서 촛불을 태우면, 초는 연소하면서 빛과 열, 이산화탄소와 수증기를 내놓으며, 타원형의 달걀 모양과 흡사한 모양의 불꽃이 생깁니다. 그 이유는 연소로 발생하는 열에 의한 공기의 부상과 대류 현상 때문입니다.

연소할 때 발생한 열은 촛불 주변의 공기를 팽창시켜 그 공기의 밀도를 줄여서 불꽃 위로 올라가게 합니다. 또한 뜨거워진 공기가 올라가서 생긴 이 빈 자리는 주변의 차갑고 산소가 풍부한 신선한 공기로 채워지게 됩니다. 이를 대류 현상이라 하는데, 이 현상 때문에 아래로 공기가 모여들어 뾰족한 불꽃 모양의 연소를 계속하게 되는 것입니다.

그렇지만 중력이 거의 없는 상태에서 불꽃은 동그란 모양이 됩니다.

그 이유는 연소시 발생한 열에 의해 뜨거워진 공기의 부상과 대류 현상이 일어나지 않기 때문입니다. 뜨거워진 공기가 올라가고, 그 자리에 밀도가 큰 주변의 차가운 공기가 들어오려면 밀도 차이로 공기의 부상과 대류가 발생해야 합니다.

그런데 중력이 없는 상황에서는 밀도 차가 발생하지 않기 때문에 공기가 움직이지 않는답니다. 공기의 움직임이 없는 상황에서는 불꽃 주변의 공기가 고른 비율로 연소되면서 구 모양의 불꽃을 형성하게 되는 것입니다.

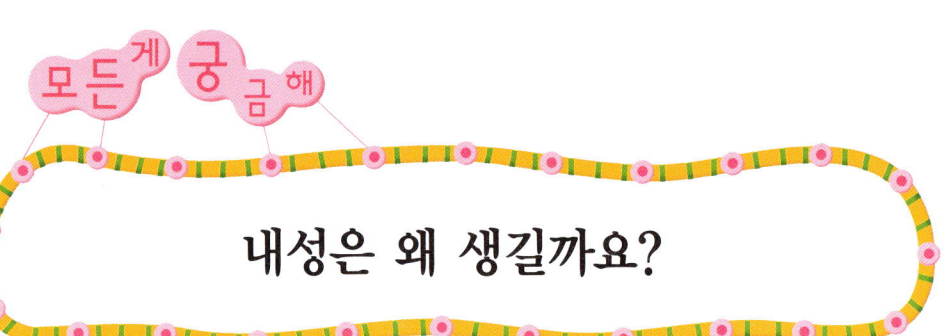

내성은 왜 생길까요?

1928년, 플레밍이 푸른곰팡이에서 페니실린을 처음 발견했을 때만 해도 페니실린은 대부분의 박테리아(세균)를 죽일 수 있는 능력을 갖고 있어 신비의 약으로 불렸습니다. 페니실린은 세균의 세포 방어벽 합성을 억제하는 약이었죠.

그러나 얼마 되지 않아 그 약에 내성(병원균 따위가 어떤 약품에 대하여 나타내는 저항성)을 갖는 포도상구균이 나타나게 되었습니다. 1943년 스트렙토마이신에 이어 1960년대 메티실린이 개발되어 내성 포도상구균 감염증에 사용되었습니다.

하지만 1970년대 또다시 메티실린에 내성을 보이는 포도상구균이 출연했는데, 이 내성균에 대응하도록 개발된 항생제가 반코마이신이라는 약입니다. 세균의 세포벽 합성을 억제해서 죽게 만드는 반코마이신은 현대 의학이 세균에 대항할 수 있는 마지막 보루로 여겨질 만큼 완전하다고 믿었습니다.

그런데 1997년 5월 일본에 이어 1998년 국내에서도 반코마이신에 부분적 내성을 보이는 황색포도상구균이 처음 나타나기 시작했습니다.

항생제는 미생물이 경쟁 관계의 다른 미생물을 죽이기 위해 자체적으로 생산하는 성분으로, 사람이 이를 이용하게 된 것인데 미생물은 스스로를 보호하기 위한 방어책이 바로 유전자에서 항생제의 내성이 시작된 것으로 추정되는 것입니다.

항생제가 세포 내에 침투해 세균에 축적되면 항균 효과를 발휘할 수 있죠. 대개 죽이고자 하는 물질이 세균의 내부 깊숙한 곳에 있으므로 항생제가 세포벽을 뚫고 들어가 표적 분자와 만나는 것이 쉬운 일은 아닙니다. 세균은 세포벽이나 막의 투과성을 변화시켜 항생제의 침투 자체를 방해하거나, 세포 내 항생제가 축적되는 일을 억제함으로써 내성을 발휘하게 되는 것이에요. 게다가 세균은 효소 등을 이용, 항생제의 구조를 변형시키거나 파괴해 항생제의 기능을 무력화시키는 동시에 세균은 항생제가 작용하는 표적 분자를 변형, 항생제의 표적 대상이 없어지게 만들기 때문에 내성을 갖게 되는 거예요.

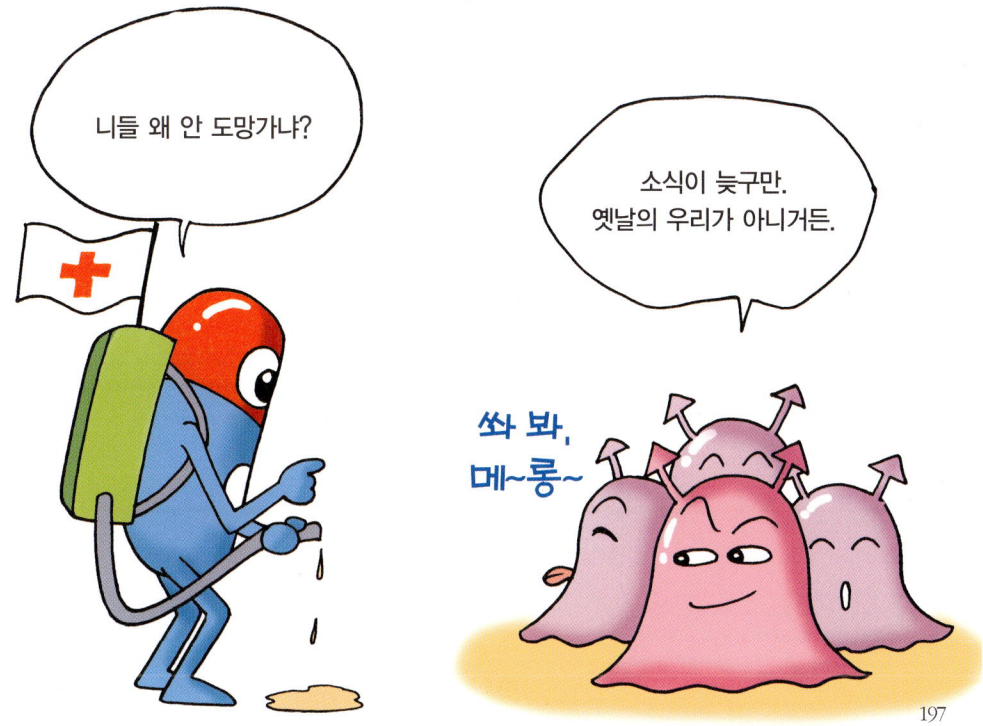

농구는 어떻게 시작되었을까요?

농구를 처음 만든 사람은 네이스미스라는 미국 사람입니다.

그는 스프링필드의 YMCA에서 체육을 가르쳤는데, 겨울이나 비가 올 때는 마땅히 가르칠 만한 프로그램이 없었습니다.

그는 여러 가지 공을 이용하여 스포츠를 만들어 보려고 했습니다. 너무 과격한 스포츠는 실내에서 하기가 마땅치 않다는 것과 배트, 라켓 등의 기구를 사용하지 않아야 한다는 전제를 달아 놓았습니다.

큰 공을 사용하고, 거친 태클을 없애기 위해 골대를 높게 하고 공을 힘으로 다루기보다는 정확하고 재치 있게 움직이는 경기를 만들겠다는 생각도 하였습니다.

네이스미스가 구상한 새로운 스포츠는 대성공이었습니다.

1891년 12월에 개최된 최초의 농구 경기는 인원수에 제한이 없었습니다.

공은 축구공을 이용했고, 복숭아 바구니를 체육관의 양쪽 발코니에 잡아매 골대로 사용했습니다.

이 경기 후 학생들은 휴가를 가서 고향에 이 스포츠를 알렸습니다. 이것이 농구 경기의 최초인 것입니다.

달리기를 하면 몸에 좋을까요?

규칙적으로 달리기를 하면 심장 근육이 강화되어 심장의 펌프 기능이 좋아지며, 부교감 신경 기능이 향상되어 심박동수가 낮은 안정 상태를 유지하게 됩니다.

그러므로 달리기는 혈액 순환을 증가시켜 혈관 내벽에 적절한 자극을 주어 혈관의 탄력성을 좋게 하고, 고혈압이나 동맥경화와 같은 심혈 관계 질환을 예방하고 치료하는 역할을 합니다.

또 달리기를 계속하면 근육과 골의 양이 증가하기 때문에 여성들의 골다공증 예방에도 좋습니다.

달리기를 통해 근육이 발달하면 인체의 신진 대사가 원활해져 일상 생활에서의 피로에 대한 저항력이 높아져 건강한 생활을 하게 됩니다.

아울러 달리기는 체내 대사량을 증가시켜 비만을 치료하며 인슐린 저항성을 개선해서 당뇨병 예방이나 관리에도 효과적으로 영향을 미칩니다. 또한 신체조성, 체격, 그리고 체력을 향상시켜 자신의 신체 이미지를 긍정적으로 갖게 하여 정신 건강을 좋게 하고 기분을 맑게 하죠.

이러한 정신적 효과는 운동 강도에 비례하며 중년 이후의 갱년기 우울증 예방에 탁월한 효과가 있으므로 달리기는 신체 모든 기관을 활성화시키고 강화시켜 궁극적으로 노화를 예방하거나 지연시킵니다.

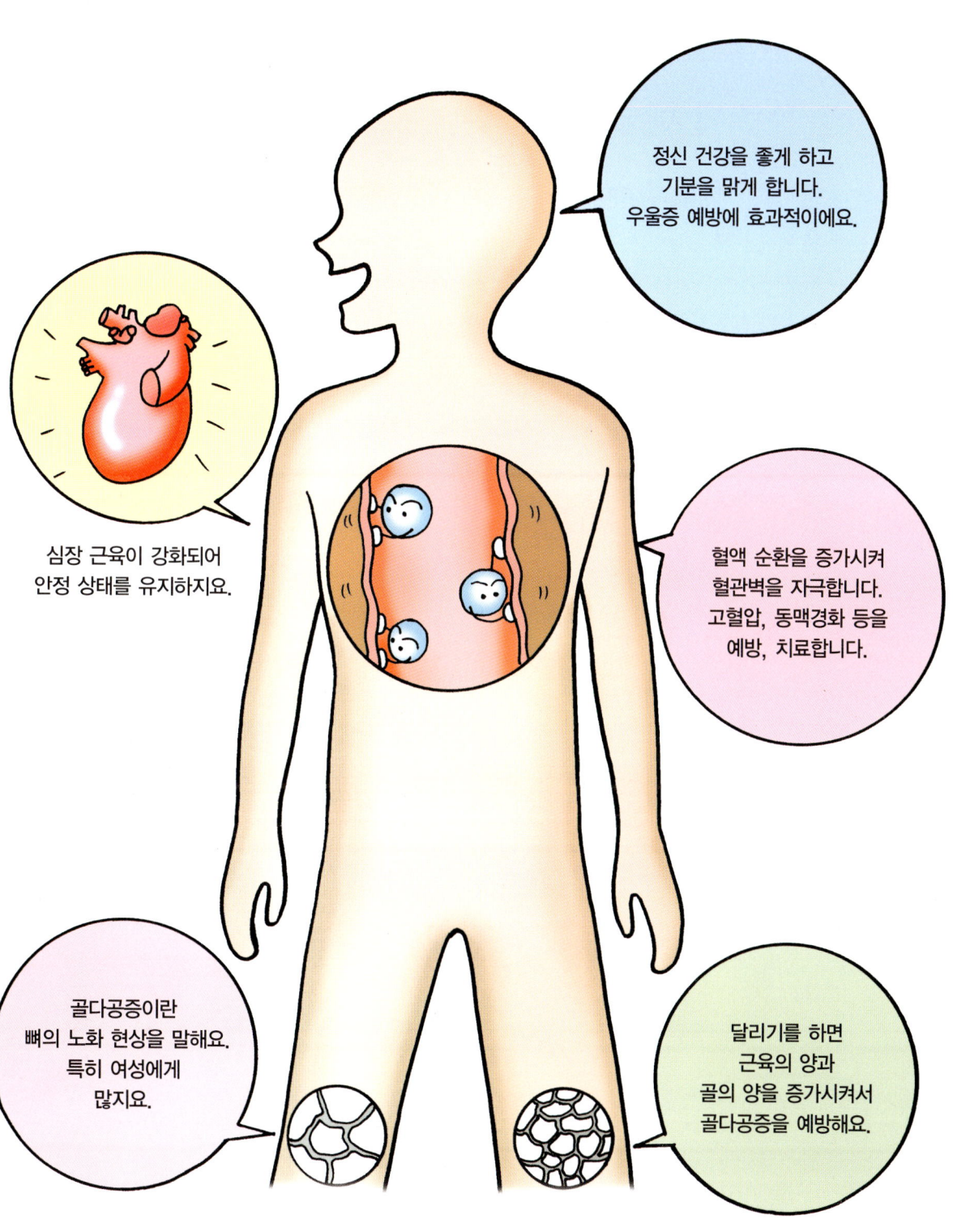

공중에 매달린 다리는 어떻게 지었나요?

먼 거리를 교각 없이 연결시켜 주는 다리를 현수교라고 합니다.

주탑이란 현수교 양쪽에 세워 다리를 버티게 하는 기둥을 말합니다.

우리 나라의 가장 긴 현수교는 남해 대교입니다. 주탑의 거리는 630m랍니다. 높이는 60.685m이고 1968년 착공해서 1973년에 완공되었지요. 완도, 강화, 안면, 거제도에 이어 다섯 번째로 완성된 연육교입니다.

현수교를 세우는 방법은 매우 간단합니다. 다리를 놓고자 하는 양 끝에 콘크리트 토대를 만들고, 그 위에다 높이 100m정도의 주탑을 세운 다음 강철을 꼬아서 만든 동아줄을 두 주탑 사이에 걸치는 것입니다.

한강 대부분의 다리들은 교각을 이용한 다리입니다.

보통의 다리는 모두 교각을 세워서 만듭니다.

하지만 현수교가 필요한 곳도 있지요.

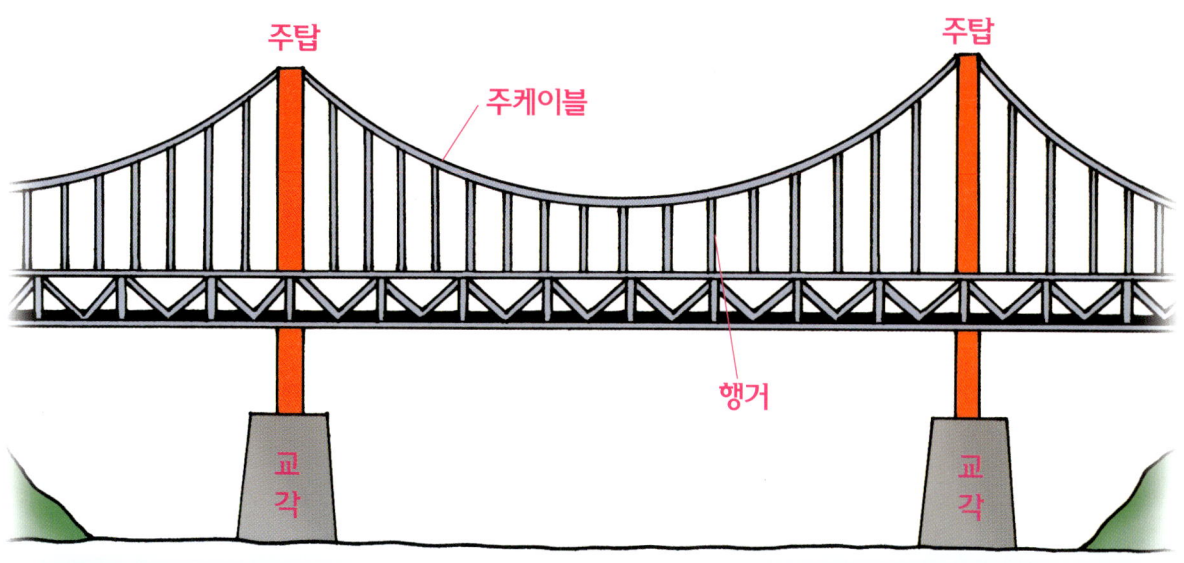

현수교란 도로를 지지하는 케이블이 설치된 다리에요.
교각을 놓지 못할 만큼 물이 깊은 곳에 설치합니다.
영종대교, 돌산대교 등이 있어요.

 그 강철 동아줄의 두 끝을 주탑 너머로 넘겨 또다른 콘크리트 토대 위에 든든히 매어 걸쳐 놓은 강철 동아줄을 주케이블이라 합니다. 이 동아줄은 다리의 길이가 길수록 굵게 만들어야 하죠. 다리의 길이가 1.5km가 넘으면 주케이블의 굵기는 지름 1m가 넘어야 교각을 지탱할 수가 있습니다.

 주케이블로부터 일정한 간격으로 다른 동아줄을 늘어뜨려 다리를 매단 다음 그 위에 포장을 하면 다리가 완성되는 것입니다.

 현재의 토목 기술로 주탑 사이의 거리가 2km 되는 현수교도 만들 수 있다고 합니다.

 따라서 2km 이내의 거리라면 육지와 섬 사이, 섬과 섬 사이 어디에나 현수교를 놓을 수 있을 정도입니다.

 우리 나라 다도해처럼 섬이 많고 바다의 깊이가 100m이내라면, 현수교와 현수교를 연결하여 얼마든지 다리를 이어갈 수가 있습니다.

물과 수증기는 어느 쪽이 더 뜨거운가요?

100℃의 물과 100℃의 수증기에 데었을 때, 입게 되는 화상의 심한 정도는 수증기에 데었을 때 더 심하다고 합니다.

같은 온도이므로 데는 정도가 같을 것 같은데, 왜 그럴까요?

수증기는 몸에 닿으면 물로 변하기 때문에 기체가 액체로 되면서 내뿜는 열인 액화열까지 피부에 영향을 미치게 됩니다.

그러므로 같은 온도의 물보다는 수증기에 데는 것이 상처를 더 크게 입게 되는 거예요.

뜨거운 햇빛이 내리쬐는 사막을 여행하는 사람들은 양가죽 물통을 만들어 그 속에 물을 넣고 다녔습니다. 양가죽 물통 속에 들어 있는 물은 매우 뜨거울 것 같지만, 사실은 그렇지 않답니다.

양가죽은 아주 작은 구멍을 통하여 적은 양이나마 물을 계속 밖으로 새어 나오게 합니다.

양가죽에서 새어 나오는 물이 사막의 뜨거운 열 때문에 수증기로 변하게 되는데, 그 때 양가죽의 기화열을 빼앗아 가므로, 양가죽 물통 속의 물은 아주 시원하다고 합니다.

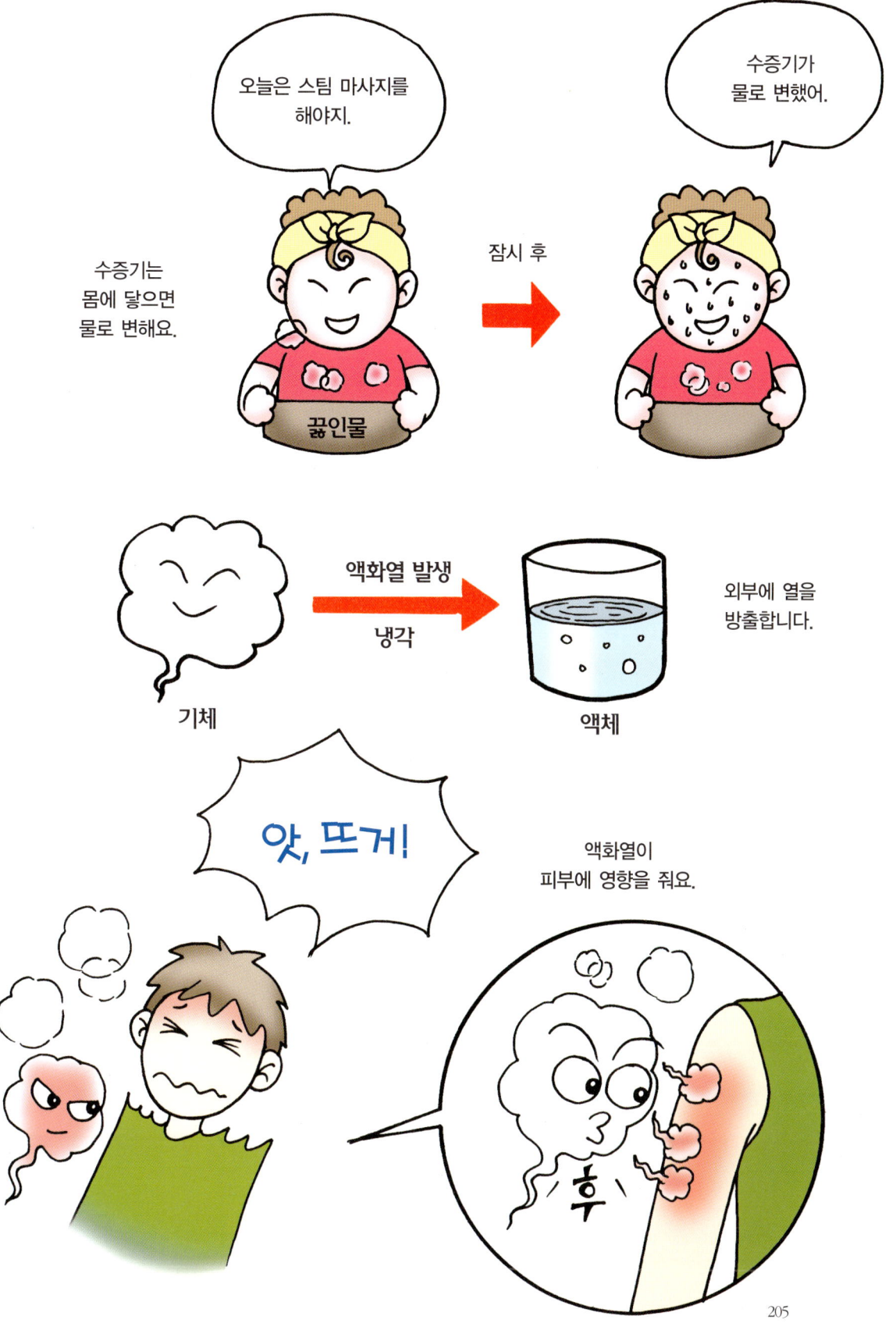

어떤 베개를 베고 자야 할까요?

잠을 잘 때 자기에게 알맞은 베개를 베고 자면 수면 시간이 짧더라도 피로가 충분히 풀리며 자세를 바르게 교정해 주어 어깨나 목 통증, 긴장성 두통, 눈의 피로 등 만성 피로의 주요 증세들을 누그러뜨릴 수 있습니다.

베개를 베고 누웠을 때 목이 꺾이지 않는 것이 가장 중요합니다. 그러므로 베개는 높은 것보다 낮은 것이 좋다고 해요.

베개의 높이는 척추 뼈와 목뼈가 일직선이 되어 편안함을 느낄 수 있을 정도면 좋습니다. 높은 베개를 베고 자면 고개를 앞으로 숙이고 있는 것과 마찬가지로 뒷목 근육에 피로가 쌓여 어깨와 목에 부담을 줘 자칫 목디스크의 원인이 될 수도 있습니다.

뚱뚱하지도 키가 크지도 않은 보통 체격의 남성은 4~6cm, 여성은 3~4cm가 알맞은 베개의 높이라고 합니다.

목이 길고 마른 체형이라면 이보다 1~2cm 낮은 베개를 사용하고, 반대로 어깨가 넓고 살찐 체형은 1~2cm 높은 베개를 탄력적으로 선택하는 것이 바람직합니다.

베개 속의 재료는 온도와 습도를 조절할 수 있는 왕겨, 메밀 등을 사용합니다. 나무 베개는 머리를 차게 하고, 왕겨 베개는 땀을 흡수해 머리를 쾌적하게 유지해 주며, 메밀 베개는 열전도율이 낮고 통풍이 잘 되기 때문에 시원하게 잘 수 있습니다. 특히 콩 베개는 지압 효과가 뛰어나 두통이나 불면증을 예방하는 효과가 있다고 합니다.

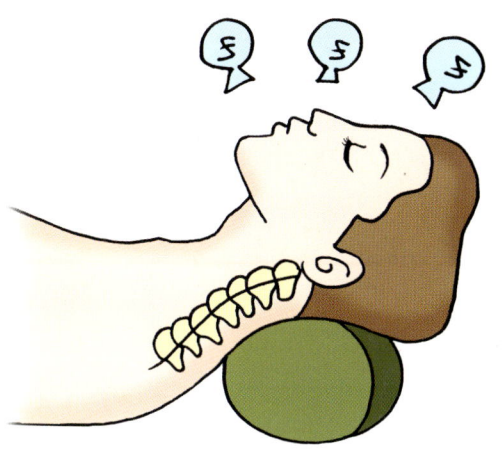

둥근 베개
너무 높은 베개를 사용하면
목뼈를 밀어 올려
어깨 통증의 원인이 됩니다.

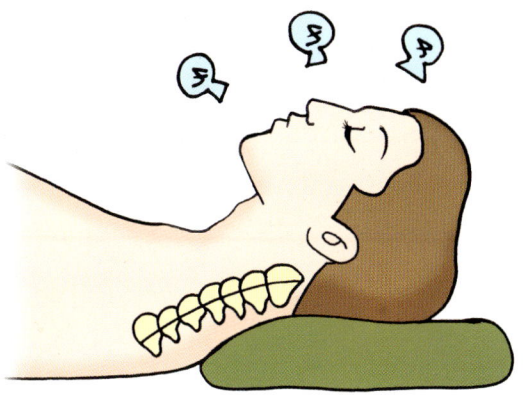

낮은 베개
높이가 알맞게 되어 있으면
목과 등뼈에 부담이
가지 않아요.

알맞은 베개의 높이

보통 체형의 남성
4~6cm

보통 체형의 여성
3~4cm

목이 길고 마른 체형의 남성
4~5cm

살찐 체형의 남성
6~8cm

뚱뚱보 아이를 부모가 만들었다고요?

　자식에 대한 부모의 사랑은 식생활에서도 예외가 아니지요. 부모들은 아이들이 좋아하고, 먹고 싶어하는 음식만 먹이려고 합니다.

　가정에서 음식을 만들 때도 아이들 중심으로 입맛에 맞추다 보니, 지방 함량이 많고, 단맛이 나는 음식을 위주로 조리하게 되지요.

　특히 맞벌이 부모들은 아이들을 직접 돌봐 주지 못하는 미안함 때문에 전통적인 식사보다는 아이들이 원하는 음식을 줍니다. 엄마가 집에 없어 밥을 못 해 주는 대신, 돈을 줄 테니 먹고 싶은 것을 사 먹게 하기도 합니다.

　이처럼 아이들 하자는 대로 다 해 주는 절제되지 못한 부모의 사랑 속에 아이들의 체중은 늘어나게 되고, 몸 속에는 지방이 축적되고 있습니다. 몸이 필요로 하는 것보다 에너지가 넘칠 때 그 에너지는 저절로 없어지지 않고, 지방이라는 형태로 몸에 남아 비만을 일으킵니다. 이제 어린이들의 비만은 심각한 사회 문제가 되고 있습니다.

사람들은 언제부터 담배를 피웠나요?

담배와 인류의 관계는 아주 오래 전부터 있었답니다. 신석기 시대의 아시아 원시 민족에게 이미 흡연의 풍습이 있었다고 말하는 학자도 있습니다.

인디오족은 유타카 반도 서쪽에 장엄한 석조 신전을 지었습니다. 그 신전의 벽에는 사람이 흡연하고 있는 모습의 조각까지도 새겨 놓았습니다. 아마도 그 때는 종교 의식과 밀접한 관계가 있었던 것 같습니다.

잎담배의 가공과정

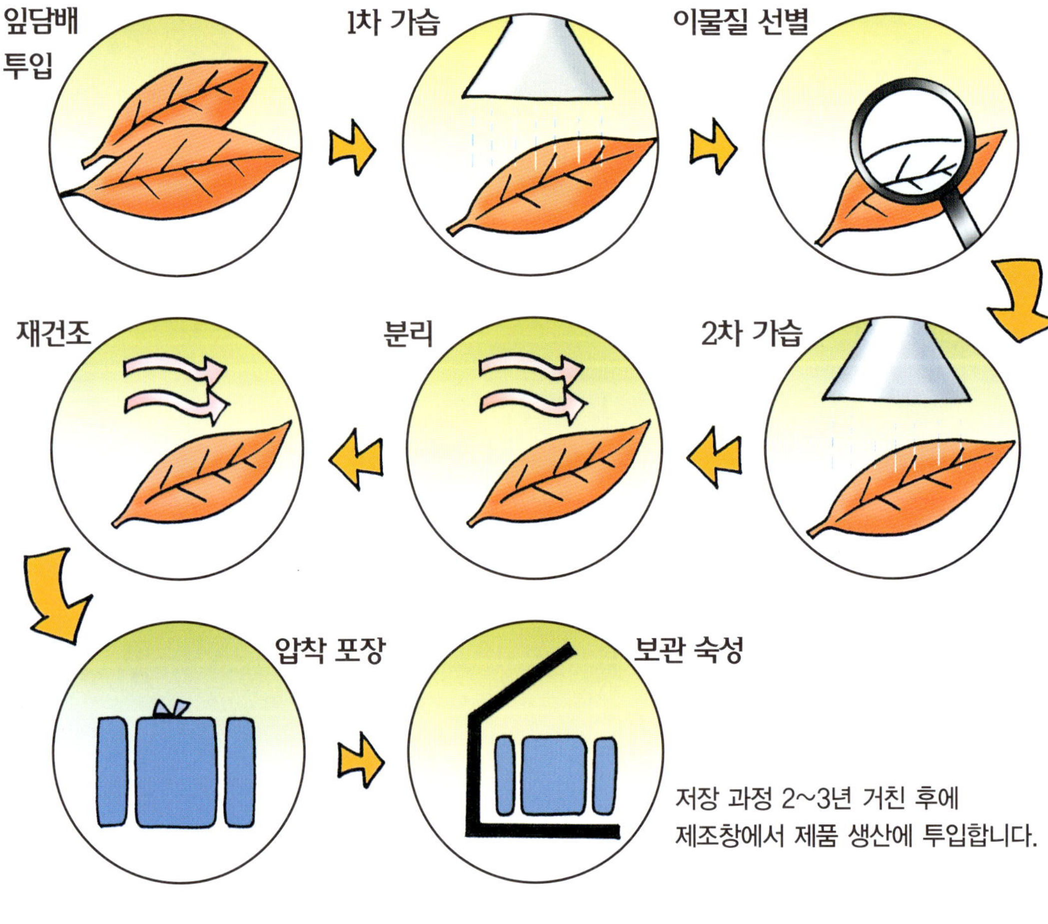

잎담배 투입 → 1차 가습 → 이물질 선별 → 2차 가습 → 분리 → 재건조 → 압착 포장 → 보관 숙성

저장 과정 2~3년 거친 후에 제조창에서 제품 생산에 투입합니다.

담배는 이미 기원전부터 중남미 대륙에 야생종으로 분포되어 있었습니다. 콜럼버스의 아메리카 대륙 발견 이전부터 인디오들은 담배를 피우고 있었던 것으로 짐작을 할 수 있지요.

우리 나라에 담배가 전래된 연대와 경로에 대해서는 확실한 자료가 없습니다. 다만 국내 문헌에 단편적으로 나타난 기록들을 종합하여 본다면, 1608년부터 1816년 사이, 광해군 때 일본에서 들어왔다고 전해지고 있습니다.

그러나 반대로 우리 나라에서 일본으로 전해졌다는 기록도 있어 무엇이 옳다고 말할 수는 없습니다.

'연초기'라는 문헌에는 처음 조선에서 흡연법을 배워 일본에 전파하였다고 지적한 것도 있으며, 임진왜란을 일으켰던 도요토미 히데요시의 부하가 조선 침략 때 담배의 씨를 가져왔다고도 합니다.

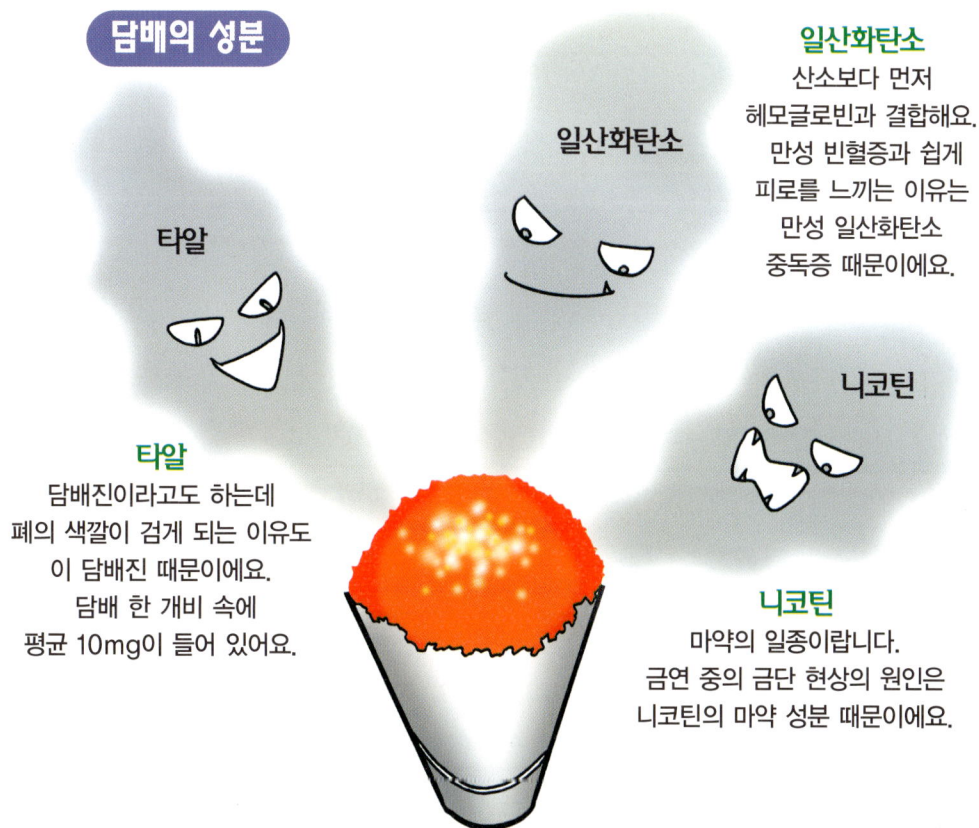

담배의 성분

일산화탄소
산소보다 먼저 헤모글로빈과 결합해요. 만성 빈혈증과 쉽게 피로를 느끼는 이유는 만성 일산화탄소 중독증 때문이에요.

타알
담배진이라고도 하는데 폐의 색깔이 검게 되는 이유도 이 담배진 때문이에요. 담배 한 개비 속에 평균 10mg이 들어 있어요.

니코틴
마약의 일종이랍니다. 금연 중의 금단 현상의 원인은 니코틴의 마약 성분 때문이에요.

짚은 인류에게 어떤 도움을 주었나요?

추수가 끝난 밭이나 논에 가면 우리를 볼 수 있습니다.

논에서 나온 볏짚

옛날 우리 조상들의 생활 용품은 거의가 볏짚이나 보릿짚, 그리고 나무를 이용하였습니다.

짚을 축사에 깔아서 가축의 분뇨를 받아서 함께 퇴비로 만들었습니다.

그 퇴비로 농작물을 가꾸었지요.

일상 생활 용품도 짚으로 만들어 사용하였습니다.

멍석을 만들어 곡식을 말리는 데 사용했고, 새끼를 가늘게 꼬아서 가마니를 만들어 곡식을 담았으며, 망태기를 만들어 물건을 넣어 가지고 다녔습니다.

짚으로 만든 짚신은 발보다 크게 만들어 신고 다녔는데, 발에 꼭 맞게 만들어 신으면 발 앞뒤의 살갗이 벗겨지기 때문입니다.

짚으로 만든 물건들은 사용하다가 못 쓰게 되면 다시 퇴비로 사용할 수 있습니다. 그렇기 때문에 플라스틱이나 금속 제품에 비해 친환경적인 재료라고 할 수 있습니다.

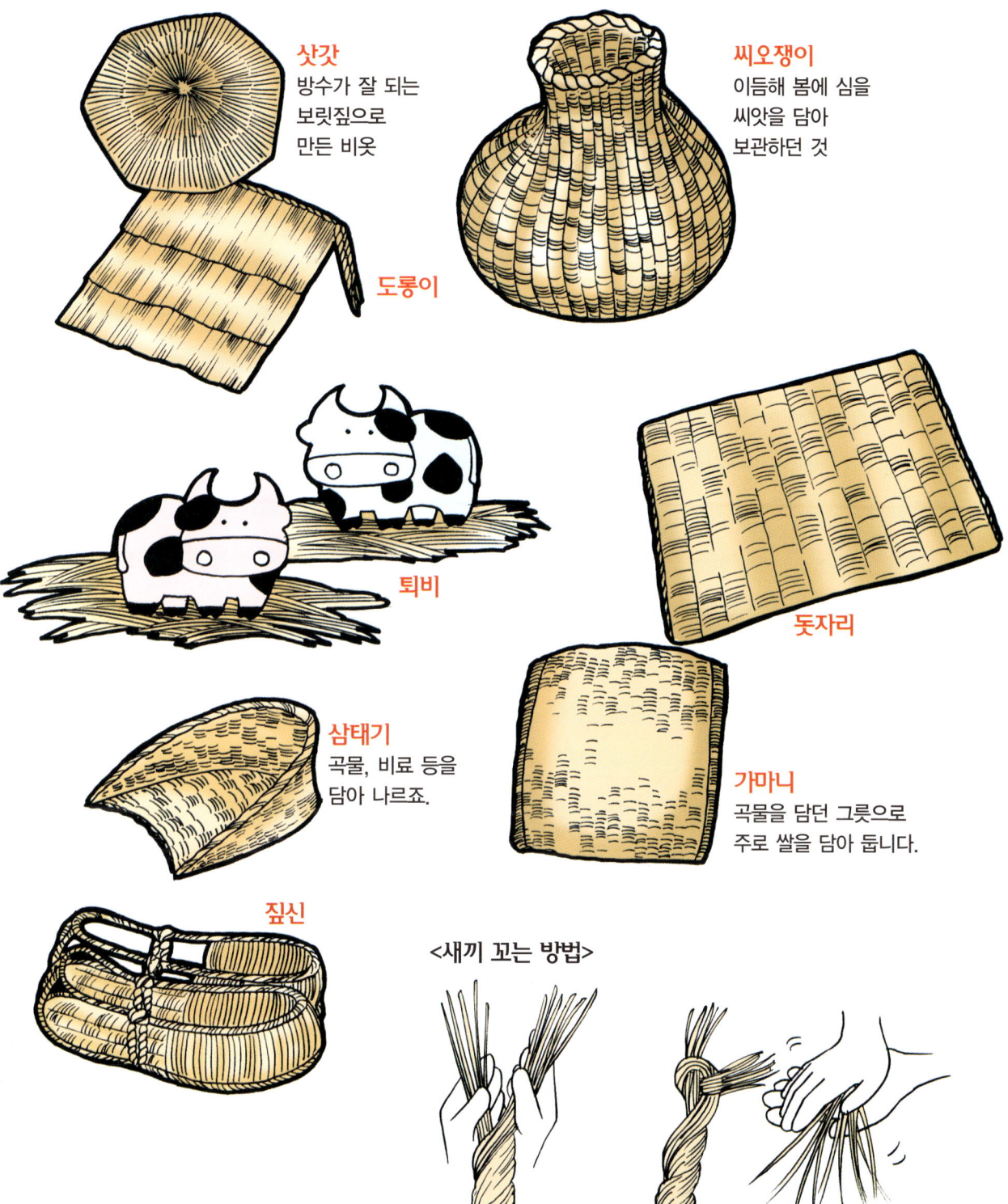

플라스틱 도마가 위생적인가요?

플라스틱 도마

소나무로 만든 도마
살균, 멸균, 탈취 효과가 있지요.

도마는 먹을거리를 자르거나 다지는 데 사용합니다.

플라스틱 도마가 나오기 전, 옛날 사람들은 소나무를 그대로 잘라서 윗면을 평평하게 하여 도마로 만들었습니다. 소나무는 다른 어느 나무에 비하여 살균력이 강하기 때문입니다.

근래에 와서 나무 도마가 습기를 흡수하기 때문에 세균이 번식한다며 비위생적이라는 생각이 늘어났습니다. 그래서 플라스틱 도마를 많이 사용하기 시작했습니다.

그러나 최근에 도마의 세균 배양 실험 결과, 소나무는 살균 작용과 부패를 방지하는 물질을 포함하고 있어 세균 번식이 되지 않는 반면,

플라스틱 도마에는 세균의 배양 속도가 매우 빨랐습니다. 플라스틱 도마가 오히려 비위생적이라는 사실이 밝혀진 것입니다.

플라스틱 도마를 많이 사용하는 요즘에는 살균을 위해서 화학 살균제를 사용합니다.

그러나 화학 살균제는 인체에 해를 끼칠 뿐만 아니라 수질 환경을 나쁘게 하고 있습니다.

우리 선조들은 자연에서 지혜를 얻어, 이를 실생활에 사용하는 슬기를 발휘한 것입니다.

솔잎이 벌레를 쫓는다고요?

식물은 다른 미생물로부터 자기 몸을 방어하기 위해 여러 가지 살균 물질(피톤치드)을 발산합니다. 이 물질은 공기 중의 세균이나 곰팡이를 죽이고, 해충이 침범하는 것을 방지하며, 인체에 해로운 병원균을 없애 주는 역할도 합니다.

옛날에는 초여름에 일년생 솔잎을 따서 기름을 짜 두고, 공기를 맑게 하기 위해 집 안에 뿌렸다고 해요.

또 송편을 찔 때 솔잎을 깔았습니다. 이 속에는 솔잎의 항균 작용으로 송편이 쉽게 상하지 않도록 하기 위해서입니다.

생선회를 싱싱하게 보존하기 위하여 무채 위에 담는 것, 재래식 변소에 구더기를 죽이려고 할미꽃 뿌리나 쑥을 넣던 것, 바퀴를 쫓기 위하여 은행잎을 집안 구석구석에 놓아 둔 것도 모두 같은 이치입니다.

이 살균 물질은 좋은 향기와 살균성, 살충성 외에도 인체에 독특한 작용을 합니다. 즉 테르펜이라는 성분이 진통 작용, 구충 작용, 항생 작용, 혈압 강하, 살충 작용, 진정 작용 등을 하는 것입니다.

테르펜은 사람의 자율 신경을 자극, 신경을 안정시키며 내분비를 촉진하고 감각 계통을 조정하여 정신 집중에 좋습니다.

소나무야
소나무야
언제나 푸른 네 빛

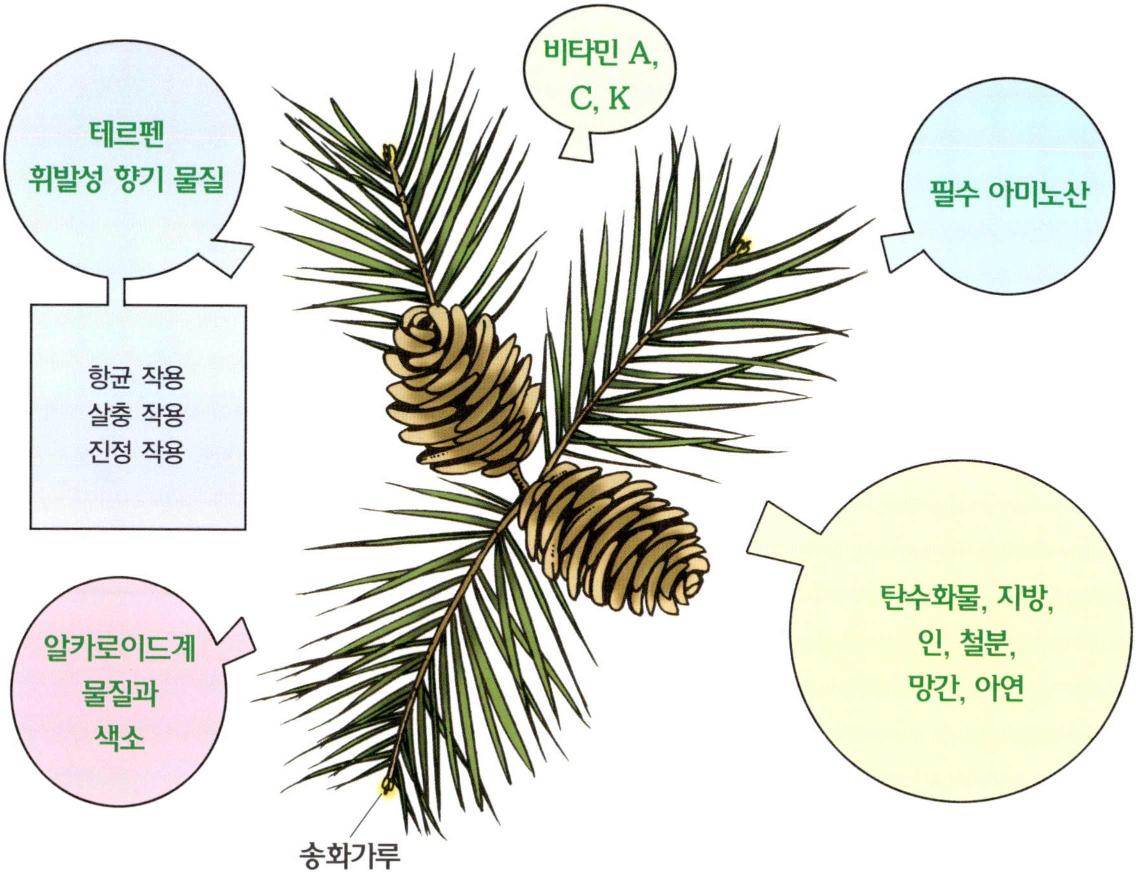

테르펜
휘발성 향기 물질

비타민 A, C, K

필수 아미노산

항균 작용
살충 작용
진정 작용

알카로이드계
물질과
색소

탄수화물, 지방,
인, 철분,
망간, 아연

송화가루

 소나무 속껍질 ▶ 탄수화물

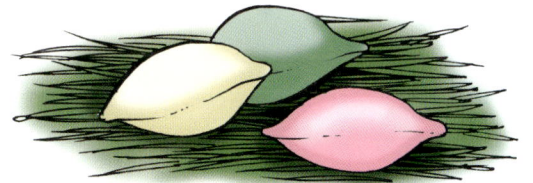 송편 찔 때 ▶ 살균 작용

 솔씨 ▶ 지방

 솔꽃가루 ▶ 비타민 B, E

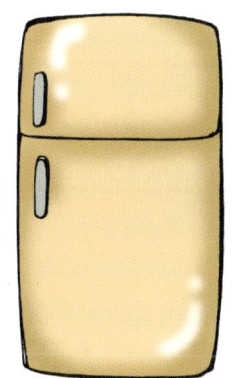 냉장고 속에
▼
살균 작용
악취 제거

인류는 왜 다른 피부색을 갖게 되었나요?

기저층에서는 멜라닌이라는 검은 색소를 만들어요. 피부의 색은 이 멜라닌 세포의 양에 의해 결정됩니다. 만일 멜라닌 색소가 적으면 유해 자외선이 피부로 점점 침투해서 피부에 큰 손실을 준답니다.

인류가 피부색을 갖게 된 것은 털이 없어지면서부터라고 합니다.

인류의 조상은 약 400만 년 전 열대우림에서 동아프리카 사바나 지역으로 활동 무대를 옮기면서 햇빛에 노출되는 시간이 많아졌습니다.

인류는 땀을 증발시켜 열을 식히기 위해 전신에 200만 개의 땀샘을 갖게 되었고, 땀이 쉽게 마르게 하기 위해 털은 점차 없어지게 되었던 것입니다.

이 때 햇빛이 피부 속으로 침투하는 것을 막는 색소인 멜라닌이 피부 표면에 퍼지기 시작했습니다.

그러므로 열대 지방의 사람들은 햇빛에 파괴되기 쉬운 생체 물질을 보호하려고 짙은 피부색을 갖게 되었고, 고위도 사람들은 빛을 최대한 받아 비타민 D를 만들려고 옅은 피부색을 갖도록 진화한 것입니다.

따라서 피부색은 환경에 적응하는 인류의 한 방법일 뿐인 것이지 인종적 편견을 갖는 것은 무의미한 것입니다.